郎

トヨタ生産方式で
ドラッカーの『マネジメント』
を読み解く

GS
幻冬舎新書
259

はじめに

経営学の泰斗P・F・ドラッカーの著作『マネジメント』が、何度目かのブームになっています。ドラッカーのブームは周期的に起きてきますが、今回、火がついたのは『もし高校野球の女子マネージャーがドラッカーの「マネジメント」を読んだら』(通称『もしドラ』)という小説がベストセラーになったことでしょう。

高校野球の女子マネージャーが、間違って買った『マネジメント』を実践して、甲子園を目指すという内容の入門書ですが、テレビアニメや映画になるほどヒットしました。きっかけはなんであれ、ドラッカーの示すマネジメントの考え方、思想が広く理解されるならば、非常に喜ばしいことだと思っています。

というのも私は、今の日本にとって、マネジメントの欠如が社会全体の大問題であるという感を非常に強くしているからです。

とくに民主党政権の発足以降、鳩山政権・菅政権は、本当にひどいものでした。組織として考えられないようなことが、まさに枚挙に遑《いとま》が無い状態で次から次へと起こりました。

その例を鳩山政権から3つ挙げてみましょう。第一に、政治資金の報告書の虚偽記載問題と、母親から9億円もの資金提供を受けていたことへの釈明や対応は、矛盾だらけでした。自分の場合と他人の場合とでは当てはめるルールがまったく違う。呆れるよりも「いったい、何が起こっているのか」と、私自身の理解力を疑ってしまうほど意味不明です。

2つ目はCO_2削減の問題です。2011年、日本の自動車産業は六重苦に直面していると言われました。あらためて列記すると、1極端な円高、2高い法人税、3自由貿易協定等への出遅れ、4厳しい雇用規制、5国際的に不公平な環境規制、6震災とそれに伴う電力不足の問題、を指しています。

世界経済の枠組みの問題や自然災害が原因というものもありますが、5番目の環境規制、具体的には「二酸化炭素の排出量を2020年までに1990年比25%削減する」という宣言について、これは個人による人災としか言えないものだと思います。

ご存じのように、鳩山由起夫氏が総理就任直後の国連演説で、きわめて唐突に言い出して国際公約にしてしまいました。国民や産業界の同意もありません。政府内や党内で組織的に検討した形跡もありません。短絡した「過ぎたるは及ばざるがごとし」の典型的提案を、国際公約になるような場で突如として発表してしまった。これもまた、何が起こっているのか理解不能です。

3番目の「できれば国外、最低でも県外」と鳩山氏が主張した、沖縄普天間基地の移設案は大問題を引き起こしたまま、今日にいたるも解決の目途さえ立ちません。その後の「腹案がある」「Trust me」発言は、もう論外です。

ものごとの難しさや複雑さといったことを、一切、捨象して夢のような次元へ飛んで行ってしまう。結論を出していくときの議論の進め方や、そもそも議論を進める場の重要性といった要素も、まったく抜けている。

彼の言動を見ていると、マネジメントの原点である組織論やコミュニケーション論が、みごとなまでに無視されているのが分かります。

菅政権にいたっては、鳩山政権について挙げたレベルの問題が、もういくつあるかも分からない目茶苦茶ぶりです。たとえば、2010年7月の参議院選挙の際、突然、消費税10%の必要性を説き始めました。ことの是非は別にして、その唐突感にびっくり仰天した人は多かったのではないでしょうか。この件に限らず、発言して大きな反発に遭うとすぐに引っ込めるのには、ただ啞然とするばかりです。

しかし私が最大の問題だと思ったのは、東日本大震災への対応です。脱官僚、政治主導に拘泥する菅政権は、震災直後の非常事態にあっても、官僚組織を排除しようとしました。菅直人氏は官僚への不信ゆえか、「○○本部」や「○○会議」などの震災関連組織を雨後の筍のように設置し、一時は20近くにもなりました。さらにブレーンとして内閣官房参与を外部からすさまじい勢いで招聘、次々と任命してピークでは15名にも上っています。指揮系統や役割分担が大混乱し、対応が大幅に遅れたことは言うまでもありません。

連続的に世の中が変化していく、いわば平時においては、旧来の衣を脱ぎ捨てて、新しい組織なり、新しい体制なりを作ってチャレンジしていくことは正しい。しかし、大きな変曲点を通り越して日常が破断した状態、いわゆる未曾有の事態に遭遇したとき、いちばん大切なことは、できるだけ組織や人員をいじらずに、現有の手慣れた組織と人をフル活用することです。

これはマネジメントの基本、鉄則です。会社経営をしていれば常識ですが、まったく正反対のほうへ向かってしまう。本当に驚きました。

加えて、最後の3か月間の居直り、居座りには開いた口がふさがりませんでした。

こうした異様さが、たまたま鳩山・菅の両氏の個人的な資質や精神状態の反映なのであれば、後世になって「2年ばかり、日本にとって不幸な時代がありましたね」ですむのでしょうが、そんな人物を最高指導者に頂いてしまう民主党という集団の質に、私は強い危惧を覚えます。さらに2人の振る舞い方が、民主党という組織の性格として作り出された必然であるなら、これはまた一層の大問題です。そもそも綱領を作り得ないバラバラな寄せ集め集団ですから、民主党を組織と呼んでいいのかも疑わしい。

こうした民主党批判や、鳩山・菅批判はすでに多くの方が論じているし、適任者もいらっしゃるので、それに終始するつもりはありません。しかし看過できない大問題は、マネジメントの不在であり徹底的な欠如です。政党としてあるいは個人としての政治信条とか思想の問題よりもマネジメントの不在。そこに行き着く。

そしてそれはなぜか？　こう考えてくると、あらためてマネジメントの意味を勉強し直してみよう、勉強しなければ、という強いニーズを感じます。

この機会にドラッカーの『マネジメント』を、みなさんと一緒に読み直してみたいと思います。

読み直すに当たっては、前著『生きる哲学 トヨタ生産方式』で書いた「トヨタ生産方式」との対照を試みました。

私は1969年にトヨタ自動車に入社し、1970年から1978年までの足かけ9年、専務・副社長時代の大野耐一さん（故人、元トヨタ自動車副社長）から教えを受けました。大野さんは、今や世界で高く評価される知的資産になった「トヨタ生産方式」を、多くの困難と障害を乗り越えて築き上げた方です。大野さんの手取り足取りの指導が、今日の私を育ててくれました。

「トヨタ生産方式」は、『生きる哲学 トヨタ生産方式』でも書いたように、フィロソフィーであり、コンセプトであり、メソッドです。名称こそ「方式」とついていますが、本質は生産現場から生まれた「哲学」「考え方」であり、そこに方法論が加わって体系化されたものです。

大野さんは経営者として、徹頭徹尾、実践の人でした。問題が起きたときに会議室で議論したり、文書化したりすることを否定します。「現場に立ち、現地現物を見なければいけない」という信念があるからです。現場はつねに変化している。そこで起きた変化を見つめながら、次の行動へつなげることが大切なのだと強調します。

ですから議論をすることも書きものにするということも、本当の意味で否定しているわけではありません。しかしあえてそうすることで、現場が大事、行動が最優先なのだと強調したのです。

一方のドラッカーですが、組織論・経営論の第一人者になっていくきっかけは、1年半にわたりGM（ゼネラルモーターズ）を隅々まで観察して、経営の実態や中身を整理、体系化したことでした。GMという組織の長所や問題点など、自身で発見したことが、彼の経営論の原点ですから、その意味で、ドラッカーの理論は書斎派の学者が作り出した単なる「論」とは違います。

しかも、経営者として実践の中で作り上げたものではなく、あくまで少し離れた視座から、あれだけの壮大で精緻な体系を紡ぎだしたのですから、まさに「知の巨人」です。

「実践の巨人」大野耐一と「知の巨人」ドラッカー、正反対です。しかし、たどり着いたところはかなり共通している。

「トヨタ生産方式」を座標軸に置いて『マネジメント』をうまく語ることができたら、私自身、大野さんの教えを、少しはうまく血肉にできたと気持ちが落ち着くように思います。

＊本書で取り上げた内容は『マネジメント【エッセンシャル版】』（P・F・ドラッカー／ダイヤモンド社）を底本としています。

トヨタ生産方式でドラッカーの『マネジメント』を読み解く／目次

編集協力　五反田正宏

まえがき

フィロソフィーとコンセプトを確立する

『私の大部の著作『マネジメント――課題・責任・実践』からもっとも重要な部分を抜粋した本書は、今日の日本にとって特に重要な意味を持つ。日本では企業も政府機関も、構造、機能、戦略に関して転換期にある。そのような転換期にあって重要なことは、変わらざるもの、すなわち基本と原則を確認することである。そして本書が論じているもの、主題としているもの、目的としているものが、それら変わらざるものである』（『マネジメント【エッセンシャル版】』・iより／以下引用部分はページのみ記します）

「基本と原則」をしっかり確認する――冒頭に書いてある内容を端的に述べれば、この一言になります。何事につけ、基本と原則は重要ですが、もちろんマネジメントにおいてもそれは変わりません。

私は、前著『生きる哲学 トヨタ生産方式』の中で、「フィロソフィー」と「コンセプト」がたいへん大切であると繰り返し述べました。「フィロソフィー」と「コンセプト」が確立された後から「メソッド」、すなわち方法論がついてくる。

方法論とは、時代や状況の変化とともにどんどん変わっていくものです。陳腐化するものもあれば、新しく生まれてくるものもある。新しく生み出していかなくてはならない場合もあります。しかしフィロソフィーとコンセプトの部分は、変わりません。

変わらないし、変えてはいけないものです。つねに繰り返し、繰り返し、語りかけていかなければいけないものでしょう。もし本当に時代にそぐわなくなってきたら、それは変えるものではなくて、捨て去っていくものなのだと思います。

このフィロソフィーとコンセプトとは、ドラッカーの言う「基本と原則」を置き換えたものにほかなりません。

その基本と原則がいかに重要か、そしてそれを繰り返し伝えるということが、どれほど大切か。大野耐一さんの考え方や行動に接していると、よく分かるのです。

大野さんは、同じ話をとにかく繰り返し、繰り返し何度も何度も語りました。

言葉は悪いですが「臆面もなく」と言ってもいいくらいでした。人間は誰でも、相手に向かって一生懸命話しているときに、「あ、この話、前にもこの人にしたよな。ちょっとまずいな」と気恥ずかしくなることがあります。しばしばあると言っていいでしょう。

そんなときは聞くほうも「指摘すると悪いな」と思って、初めてのような顔をして聞いています。あまり何度も繰り返されると「前にも聞いたな、この話」「次は、こういう話になるだろう」「気がついてないのかな。同じ話を何度も繰り返して、嫌だな」などと思ったりもするものです。

ところが大野さんはそう思われていることも承知で、同じ話を何度も何度も繰り返すのです。引いてくる具体的な事例は変化することはありますが、最終的に同じフィロソフィーとコンセプトを、何度でも何十回でも話します。

大野さんが、ある話を延々としながらふと左上を見ると、部下の私たちは「あ、きっとあの話が始まるぞ」と思う。予想通りにその話が始まってしばらくすると、大野さんは少しうつむいて、次にすっと右手が挙がる。私たちは「今度はこの話が始まるぞ」と覚悟する。そうすると察した通りに、その話をする。そのくらいフィロソフィーとコンセプトに関しては、とことん繰り返して話をしました。

これは、私はすごいことだと思います。

先にも述べたように、同じ話を繰り返すことは、何となく気恥ずかしくなるものです。しかし、そんなことに大野さんは頓着しませんでした。反応も評判も承知のうえで、とにかく繰り返し、繰り返し、私たちに重要なことをたたき込んでいったわけです。

ドラッカーが「基本と原則」と表現するときも、同じ心持ちだったのではないかと思います。

もちろん私はドラッカーがコンサルティングをしている現場に行ったことはありませんし、残念ながら講演も直接聞いたことはありません。しかし少なくとも、この『マネジメント』を読んでいると、ドラッカーも「基本と原則」について、何度も繰り返し語っています。基本と原則はいつの時代にも通ずることですから、事例は説明して分かりやすければいい。最新である必要はありません。

こうした考え方は、大野さんとドラッカーに非常によく共通していると思います。

ドラッカーは、日本の読者に向けてこう呼びかけています。

『世界中の先進社会が転換期にあるなかで、日本ほど大きな転換を迫られている国はな

い』(iv)

『私は、二一世紀の日本が、私と本書に多くのものを教えてくれた四〇年前、五〇年前の、あの革新的で創造的な勇気あるリーダーたちに匹敵する人たちを再び輩出していくことを祈ってやまない』(iv)

この日本版の序文には2001年11月とありますが、これは今日にもそのまま当てはまります。

40年前、50年前の経営者たちは、たしかに革新的、創造的で、かつ勇気がありました。その人たちの「人間としてのありよう」をなぞり学ぶことで、再び勇気あるリーダーを輩出していくきっかけにできるのではないかと思います。

つまり「基本と原則」が、そこにあるからです。そうした意味からも、大野さんを中心に「トヨタ生産方式」を築き上げた方々の教えを振り返りながら、『マネジメント』を読み解いてみたいと思います。

ゲゼルシャフト(利益共同体)の時代へ

現代は組織という単位が非常に大きな意味合いを持つようになった社会であると、まずドラッカーは大前提から示しています。

ドイツの社会学者フェルディナント・テンニースは、人間社会がゲマインシャフト＝血縁、地縁などに基づく村落共同体から、ゲゼルシャフト＝近代的な利益共同体へと変遷してきたことを語っていますが、ドラッカーも現代は組織社会であるがゆえにマネジメントが大事であると述べています。

ここで非常にドラッカーらしい言葉だと思うのは次の一節です。

『組織をして高度の成果をあげさせることが、自由と尊厳を守る唯一の方策である。その組織に成果をあげさせるものがマネジメントであり、マネジャーの力である。成果をあげる責任あるマネジメントこそ全体主義に代わるものであり、われわれを全体主義から守る唯一の手立てである』(vii)

20世紀初頭に生まれ、ユダヤ系オーストリア人として生きた人ですから、ヒトラーのナチズムをはじめとする全体主義が、いかに人間一人一人に害悪をなすかということを、非常に強く感じています。経営学の本で「全体主義から守る」といった言葉はいささか不自然ですが、それを持ち出すところにドラッカーらしさを感じます。

ともあれ、現代は組織社会ですから、組織の果たす役割というのが、一人一人の人間にとって大きな意味を持ちます。

人間の働く場所とは、収入を得るための場というだけではありません。後からも詳しく触れるつもりですが、とくに大企業の場合、いい悪いは別にして、その人が属している企業組織は、地域社会や家族とのつながりに密接な関わりを持ちます。

つまりお父さんが転勤したり、勤めていた会社を辞めて転職したりすると、家族との関係にもきわめて大きな変化が起きるのです。そのことひとつとっても、現代の組織は人生に深く関わるものだと分かります。

組織がある以上、マネジメントが必要ですし、マネジメントの質の高さというのが大切になってきます。必然的にマネジメントを行うマネジャーの役割はますます重要になるわけです。

こうした意識を、組織の構成員全員が持たなくてはいけないと思うのですが、冒頭で述べたように、それがもっとも欠如しているのが政治の世界です。このことが今の日本の不幸なのだと、私は強く感じています。

『しかも今日の市民の典型は被用者である。彼らは組織を通じて働き、組織に生計の資を

依存し、組織に機会を求める。自己実現とともに、社会における位置づけと役割を組織に求める。いまや、われわれの社会は被用者社会である』（P.1）

このドラッカーの言葉が、前で私が述べた「人間の働く場所とは、収入を得るための場というだけではない」につながっています。

ここで提示されているように、現代の都市住民の典型は、自営業者でも農民でもなく、組織で働く人たちです。ドラッカーはあっさりと書いていますが、自己実現も組織の中で行われます。組織とは、自分の可能性を最大限に伸ばせるよう、人生の目標に向かって努力する場なのです。組織があるがゆえに自分が存在するというような度合いが高い社会、とも言い換えられるでしょう。

組織には規模の大小や業種の違いもあって、数万人以上を抱える自動車会社のような大規模な製造業と、大きくても数百人の出版業とは細部においては違うかもしれません。しかし少なくとも組織に属している人間は、組織を通じて人生の目標を実現するために努力するのです。

だからこそ組織の質、マネジメントの質が問われます。

『組織がなければマネジメントもない。しかし、マネジメントがなければ組織もない』（P.

②

『そしてもっとも重大な変化が、社会の願望、価値、存続そのものが、マネジメントの成果、能力、意志、価値観に依存するようになったことである』（P.5）

ドラッカーはマネジメントという言葉を、大きく分けて２つの使い方をしています。ひとつはマネジメントという概念。もうひとつはそれを遂行していく、ある種の人格を持った存在としてのマネジメントで、マネジャーとも言い換えられる使い方です。

倦《う》まず弛《たゆ》まず、一歩一歩

大野さんと一緒に現場を見て歩いていたときのことです。ある作業者が、左手で部品を取って、それを右手に持ち替えて、工作機械のチャックに挟んで固定しました。

「なぜ、今、持ち替えた？」

そう問い詰めて、大野さんはその場から離れなくなりました。たしかに部品を持ち替えるのはムダな動作です。しかも当時、大野さんはトヨタの専務です。「そんな細かなことに長い時間をかけなくてもいいんじゃないか」というのが一般の感じ方でしょう。

細かな注意が飛ぶたびに、専務らしくもっと大きなことに着目して、大変革をもたらす指示や指摘はしてくれないのかと、皆が感じていました。しかし大野さんは、そんなことにはお構いなく、「なぜだ、なぜだ」と追及をやめません。

もちろん大野さんは大所高所からの指摘をし、フィロソフィーとコンセプトを打ち立てていった方です。しかし同時に、目の前にあるムダは、立場を超えてそれを指摘し、排除していく。絶対にそれを見逃さない。その姿勢は徹底していました。

ドラッカーの『マネジメント』は、この大野さんのエピソードに重なる内容から始まっています。

こう記されています。

『マネジメントのあらゆる問題、決定、行動に、複雑な要素が介在する。それが時間である』（P.10）

『マネジメントは、常に現在と未来、短期と長期を見ていかなければならない』（P.10）

『未来は断絶の向こう側にある。だが未来は、それが現在といかに違ったものになるとしても、現在からしか到達できない。未知への跳躍を大きくしようとするほど、基礎をしっかりさせなければならない』（P.10）

この言葉は、たいへん重要な概念を示していると思います。

企業活動は、当然のことながら競争の中で、勝っていかなければいけない。競争に勝てる力を持った人間集団でないと、企業の役割である「世のため人のため」になりません。競争に勝つために必要になるのが、自己変革、構造改革であり、要するに改善です。それを不断に実行することが、競争力を保つ方法です。

大変革を実行して、次のステップへと一気に進むほうが素晴らしいように思うかもしれません。私たちはどうしてもそのイメージにとらわれがちです。

しかし、ドラッカーの指摘するように、未来は現在からしか到達できません。未知への跳躍を大きくしたければ、基礎を充実させなくてはいけない。

これは、大野さんが日常的に要求したことに重なります。

すなわち、倦まず弛まず改善をする。それが小さくてもいい。とにかく不断に、今よりも一歩でも二歩でも、よりよくしていく。その積み重ねを大野さんは強く要求したわけです。今、目の前にある「左手から右手に持ち替えるムダ」をなくすことを求められたように、きわめて具体的な、かつ地道な指導でした。

現状を速やかに改善すること、それを波状的に繰り返すこと。この連鎖が、私たちを未踏の地点に誘います。

あるとき振り返ると、過去から『断絶した地点に到達』したように見える。遠い未来のイメージを持ちながら、目の前の小さな事象に見えるムダを、一つ一つ省いていくと、出発点や苦しんでいた途中とはまったく違う風景が見えてくるわけです。

大野さんの日々の要求やチャレンジを考えると、ドラッカーの『未知への跳躍を大きくしようとするほど、基礎をしっかりさせなければならない』という言葉がとてもよく理解できるのです。

第1章

経済活動とは何かを考える

利益とは何か

『利潤動機には意味がない。利潤動機なるものには、利益そのものの意義さえまちがって神話化する危険がある。利益は、個々の企業にとっても、社会にとっても必要である。しかしそれは企業や企業活動にとって、目的ではなく条件である』（P.14）

小さなムダでも省いて、波状的に改善を繰り返していくのは、もちろん利益を上げるためです。しかし、単にお金を稼いで貯め込むことが企業の目的ではありません。

現場で、本当に細かいムダまで指摘して、それを徹底的に排除していた大野さんは、次のことをしきりに言っていました。

「現場は一生懸命ムダを省いて金を稼ぐ。その金を使って、開発部隊はいい製品を開発設計しなくてはいかんし、生産技術部隊はお客様が満足する価格と品質で提供できるよう、万全の準備を整えておかなければならない。最新技術を搭載した設備はどんどん買え。そういうことをするために現場で必死になって改善しているのだ。われわれの本業はモノ造りだ。何も札束を金庫にしまって、ときどき出しては数え、ニヤニヤするために金を稼いでいるわけじゃないんだ！」

いい製品を開発するには、当然、お金も人手もかかります。最新技術が投入された設備も、すぐにお金を生み出すわけではないけれども、そうしたところにもお金を投入しなければいけないから、現在の生産現場の中にあるムダを省いてお金を稼ぐのだ、そのサイクルに意味がある、という論理です。

ところで、さも自明のことにも思える「利益」ですが、いったいこれは何を意味しているのでしょうか。

たとえば、原価（コスト）に対して、適正な利益を乗せたものが売値だという考え方があります。つまり「原価＋利益＝売値」という発想が、反射的に浮かぶ人もいるかもしれません。しかしこれは親方日の丸体質、官営体質の企業に多く見られる考え方です。

典型的なのは、福島第一原子力発電所の事故以来、非常に問題になっている電力料金でしょう。電力の価格は、発電原価があり、安定的に電力を供給していくのに必要な内部留保があり、そのために適切とされる利益レベルがあって、その合計が電力料金として認可されている。そしてそれが当然であると、関係者が思っている。ガスとか水道といった公共料金も同様です。

ところがこの決まり方は当然ではありません。

本来は、「売値－原価＝利益」、売値はそのモノの本来持っている価値で決まります。顧客に大きな満足を提供できれば高く売れます。競争状態にあれば相場で決まる。

いずれにしても売値は顧客が市場で決定します。したがって不可欠な利益を上げるためには、原価を下げるしかありません。だから不断の努力でムダを省いていくわけです。


しかし、前者「原価＋利益＝売値」という発想は世の中に根強い。

たとえば大昔の話になりますが、「官営八幡製鐵所《やわたせいてつじょ》」など官営と言われていた戦前の製鉄です。要するに「鉄は国家なり」という意識。これは戦後も続いていました。

新日鐵出身で経団連会長になった稲山嘉寛さんは「よりよい商品をお客様に提供し続けるために、企業には適正な利潤がなければいけない。もちろん、努力をして原価制限をするということは前提だけれども、精一杯の努力をしたうえでは、そのうえに適正利潤が乗ったものが売値とならなければいけない。それが長い目で見て全員の幸せになる」という意味のことを言っていました。

しかしこれは公共料金、公共事業の考え方です。官営の名残がただよい、端なくも親方日の丸的な体質が露呈していると思います。

余談になりますが、枝野幸男経済産業大臣がこんな意味の発言をしています。

「売値が政府によって決められて、倒産を想定しなくてすむ電力業界の経営者の報酬が、競争があり経営の失敗が倒産に直結する民間企業と同じ決め方で、決まるのはおかしい。本来ならば、公務員や独立行政法人等の長の報酬の決め方に準ずるべきではないのか」

これは2011年9月「原子力損害賠償支援機構」の開所式での、賠償原資をめぐる発言でした。

本書の冒頭で民主党政権の批判をしましたが、私は枝野さんという政治家にも、特別の信頼感は持っていません。経済界からも、枝野発言への批判があったことも承知しています。

しかし、この発言だけを取り上げれば、これは本稿の文脈から言ってまったく正しい、と私は思います。

つまり、「原価＋利益＝売値」を標榜する、リスクをとらない組織が、都合のいいときだけ「売値－原価＝利益」という世界のロジックを持ち出すなと言ったわけです。

大野さんは、この「原価＋利益＝売値」という思考を非常に強く否定しました。私たちが徹底的に教えられたのは「売値から原価を引いたものが、結果として利益になるのだ」ということです。

したがって、利益は大きくプラスになることもあるけれども、大きくマイナスにもなる。一元的な、売値と原価との相対関係です。

では売値（価格）は何で決まるのか。前にも簡単に触れましたが基本的には、そのモノやサービスが持っている本来の価値で決まります。お客様にとって、どれだけそれが役に立つかという価値である、というのが本質的な考え方です。

ただし、その価値を提供しているのは、自分たちだけではありません。あるいはその価値を得ようと思ったときに、手段が一つしかないわけでもない。

だから市場は競争関係になって、価格は相場で決まることになります。すなわち、その価値に対して、もっとも安定的に、安価に供給できる価格で決まる。「価格は顧客が決める」「市場が決める」というのはそういう意味です。

もちろん、いいものを造ればお客様がその価値を認めて、一時期高く買ってくださるという場合はあります。人気のスポーツカーの生産が追いつかず、プレミアムがつくような状態です。しかし競合車種が出てきたり、需給がバランスすると、最終的には市場が価格を決めることになります。

つまり、原価・売値・利益のうち、自分たちが関与できるのは原価だけです。

「原価こそが、自分たちが主体性を持って左右できるものだ。原価をどこまで下げるか、その結果として利益がある」

大野さんがことあるごとに言ったことです。

企業の最終的な存在意義は、将来にわたってよりよい価値を社会に、お客様に提供し続けることです。われわれはモノ造りで、世のため人のために役に立とうとしている。そのために利益を上げるべく、原価を下げる改善を弛みなく続けて一生懸命に頑張るのです。

『資源を生産的に使用する』（P.19）とドラッカーは述べていますが、これはどういうことでしょうか。さらりと書いてありますが、きわめて重要な観点だと思います。

大野さんはこんな言い方をしました。

「企業にあるのは仕事とムダ。大きく分けるとこの2つしかない。仕事というのは工程を進める動きのことを言う。それ以外は全部ムダ。なくさなきゃいけない」

これをもう少し洗練された言葉で言い直すと「仕事とは付加価値を高める行為」「ムダとは原価だけを高める行為」となります。

では日々、私たちが資源を活用する、生産的に使用するにはどうするかと言えば、今あるムダを省いて、仕事だけを残すことです。ムダを徹底的に省いていって、仕事の部分の比率を高めていく。最終的に付加価値を高める行為だけに収斂させていく。

そういう活動が、ドラッカーの言う『資源を生産的に使用する』『**これが企業の管理的な機能である。この機能の経済的な側面が生産性である**』（P.19）という文言に重なります。

繰り返しになりますが、大野さんはムダ排除ということを徹底的に言いました。とくに重視したのは「造りすぎのムダ」です。これがいわゆる「かんばん方式」につながっていく。「かんばん方式」については、後で詳しく述べましょう。

「造りすぎのムダ」を徹底的に排除することによって、結果として付加価値を高める行為に収斂されます。大野さん流に言えば、工程を前に進めていくという動きだけが、残っていくわけです。

『事業の定義は、目標に具体化しなければならない』（P.29）

とドラッカーは、目標としてとらえるべき項目は何かについて「マーケティングの目標」「イノベーションの目標」「経営資源の目標」「生産性の目標」「社会的責任の目標」「費用としての利益」に分けて語っています。

ここまでにある程度説明されてきた内容ですが、「生産性の目標」でこんな記述があります。

『入手する経営資源はほぼ同じである。……企業間に差をつけるものはマネジメントの質の違いである。このマネジメントの質という致命的に重要な要因を測定する一つの尺度が、生産性すなわち経営資源の活用の程度とその成果である』（P.33〜34）

この「マネジメントの質の違い」に関して、思い起こすエピソードがあります。

前著『生きる哲学 トヨタ生産方式』でも触れたことですが、あるとき、外注化を要望する提案を恐る恐る持ってきた社員に向かって、大野さんの部下である鈴村喜久男（故人、元生産管理部生産調査室主査）さんが、痛烈な言葉を浴びせました。

「ほー、そうか、外注のほうが安く造れるのか。要するに、外注の連中のほうが頭がいいんだな。よし分かった。それじゃ、お前の給料は外注以下に下げてやる」

無能だから、そんな提案を上げてくるのだと担当者を叱りつけたのです。大企業で働いている従業員の給与水準は、現業の人たちでも、中小企業のそれと比べると「え、そんなにもらっているの」というくらい高いわけです。だから労務費だけ見たら、内製でやるコストのほうが、外注に出すよりも大幅に高くなってしまいます。

ましてこれがグローバル化されてくると、今、大問題になっているように、国内雇用の激減につながります。海外生産した場合と比較すると、まったく勝負になりません。専門的にはアワーレートと呼ぶ単位当たりの労務費に、何倍もの差がついてしまいます。

しかしこれはもう勝負にならないと言って、あきらめてしまえばそれで終わってしまいます。だから鈴村さんは「もっと知恵を出せ。それが相対的に高い収入を得ている者の義務であり責任だろう。知恵を出せずに外注に出すなら、その分の給料を返上しろ」と、徹底的に要求するわけです。

ドラッカーも書いていますが、原価を構成する要素には、労務費のほかにも、材料費、設備費、あるいは電力、水道といった諸経費など、いろいろなものがあります。

そういう個々の要素の単位当たり取得コストは、たとえば、日本国内では、あまり差がありません。水道料金や電力料金は全国一律ではありませんが、ほぼ似たようなものです。材料費である鉄の場合には、もちろん個別に大口契約の価格はあります。しかし、たとえばトヨタと新日鐵の交渉で価格が決まったとすると、取扱量が少ないために少し高くなることはあるにしても、基本的には右にならえです。

結局、企業ごとに、あるいは企業規模ごとに、もっと言えば国ごとにいちばん違うのが労務費です。では労務費の差が原価にそのまま反映されてしまうのでしょうか。

これは違います。原価は、労務費のほかにもさまざまな要素で大きく変わります。たとえばその一つが品質です。

生産工程で、きわめて高い品質、高い歩留まりで造ることができる会社と、あちこちで不良品が出て手直しや廃棄をしている企業では、結果としてできあがった部品や製品の原価に大きな差がつきます。

大野さんは「その違いの根源は人間にある。人間の知恵が決める」という確信から、「仮に労務費に差があろうと、それを知恵で乗り越えろ」と一歩も譲らずに言うわけです。

「鉄鋼が高いとか安いとか、あるいは電力料金が高いとか安いとか、個々の構成要素のコストだけで原価が決まってしまうのなら、モノ造りをしているわれわれはいったい何をしているんだ。われわれが知恵を出して、上手に使えば使うほど、原価の安いものが造れるということでなかったら意味がないじゃないか」

と、しきりに強く言っていました。

マネジメントの質の違いとはこういうことだと思います。人間の知恵であったり、組織の知恵でもあったりする。それをどこまで絞り出していくかで、原価が大きく変わってくる。

ドラッカーの言葉で言えば『生産性すなわち経営資源の活用の程度とその成果である』（P.34）ということです。

また「費用としての利益」の部分に、

『ただしその必要額は、多くの企業が実際にあげている利益はもちろん、その目標としている極大額をも大きく上回ることを知らなければならない』（P.35）

と述べていますが、いいことを書いてあるなと思います。

お客様とは何か

『企業の目的の定義は一つしかない。それは、顧客を創造することである』（P.15）

ドラッカーは「顧客の創造」を述べるくだりで、マーケティングとイノベーションについて触れて、この2つが企業の基本的な機能で、この2つだけが成果をもたらすと述べています。

ここで語られていることは、新製品の開発プロセスでよく使われる「ニーズ型」と「シーズ型」につながります。

「ニーズ型」とは「こんな機能があったらいいなぁ」「こんな製品が欲しい」というお客様がいる、それに応えるにはどうすればいいかという発想法。もう一方の「シーズ型」は、技術・人材・資金といった自分たちの強みを使って何ができるかと考えるやり方です。

『真のマーケティングは顧客からスタートする。……「われわれは何を売りたいか」ではなく「顧客は何を買いたいか」を問う』（P.17）

とあるように、社会やお客様のニーズをしっかりとくみ取ることがマーケティングです。製造業の場合は、市場調査などの方法でお客様のニーズをくみ取って、それを満たす商品を作り出していく。

漠然と「こういうものが欲しいな」と思っても、お客様はできることとできないことの区別がつきませんから、「こんなことができたらいいなあ」と抽象的だったり断片的だったりする形で、欲求を表現するのが普通です。

そこで「それなら、こういう製品でかなえられますよ」と具体的に応えていく。私はそれがモノ造り企業の本質なのだろうと思います。つまりニーズへの対応として、お客様に満足を提供する。

ドラッカーが**『コピー機やコンピュータへの欲求は、それが手に入るようになって初めて生まれた』**（P.16）と指摘しているような、シーズ型もたしかにあります。しかしやはり、お客様の潜在的なニーズ、あるいは顕在化したニーズと自分たちのできることを結びつけて実現をしていくことが、私たち製造業にとって大事なことだと考えています。

また、ドラッカーはこんな当たり前の記述をしています。

『「顧客は誰か」との問いこそ、個々の企業の使命を定義するうえで、もっとも重要な問いである』（P.23〜24）

これはまったくそのとおりで、反論の余地はありません。当然であるだけに、見過ごされがちな点を指摘した後、顧客はいったい誰なのかと、ドラッカーは論を進めていきます。

『もちろん、消費者すなわち財やサービスの最終利用者は顧客である。だが、消費者だけが顧客ではない。顧客は常に一種類ではない。顧客によって、期待や価値観は異なる。買うものも異なる』（P.24）

『生活用品のメーカーは主婦、小売店という二種類の顧客を持つ。主婦に買う気を起こさせても、店が品を置いてくれなければ何にもならない。店が目につくよう陳列しても、主婦が買ってくれなければ何にもならない』（P.24）

顧客の例として、最終利用者、つまりお金を出して店で買ってくれるお客様と、もう一つ前の段階、小売店などの販売店も企業にとってお客様であると述べています。どちらも大事である、大切にしなくてはいけないというわけです。非常に分かりやすくて、きわめて当然です。

とはいえこの考え方を、企業の内部で実践してみようとすると、それほど簡単ではありません。「つねに最終利用者や小売店を念頭に置きながら自分の仕事をしましょう」と呼びかけても、イメージしやすい部署もあればそうではない部署もあります。

たとえば、出版社にもいろいろな部署があります。仮に総務部の人たちが、本社屋の中に新しいセキュリティ・システムを導入しようと検討しているとしましょう。このとき、総務部の人たちは、この仕事への取り組みの意義を読者や書店の人に対して考えられるでしょうか。あるいは、その担当者に対して、「つねに読者のことを考えて、仕事をしなさい」と言って説得力があるでしょうか。これはあまり現実的でない話です。

概念として、コンセプトとして「顧客」「お客様」を持ち出すのはいいのですが、実際にはなかなか難しい。

大野さんは、このことに関連して「後工程はお客様」という概念を、打ち立てます。つまり後工程は、自分たちが作ったものを〝買っていただく〟お客様である、と考えるわけです。

トヨタ生産方式では、造ったものを後工程が引き取っていく。前工程が届けに行くのではありません。後工程が必要なものだけを引き取っていき、前工程は減った分だけ後補充して生産します。

「後工程はお客様」であるから「後工程引き取り」があり、その続きとして前工程の「後補充生産」という概念を並べていったのです。

事業とは何か、企業の使命とは何かと言えば、お客様に満足を提供することだ。お客様とは何か。それは、作っているものを買ってくださる最終利用者であり、そのすぐ手前で仕入れて販売する小売店だというドラッカーの主張を、企業の内部に具現したコンセプトと言えるでしょう。

トヨタ生産方式でとくに重要なのが、この「後工程はお客様」という概念です。

製造業に限らず、企業の内部では仕事が分担され、前段階から次の段階へと受け渡しが発生します。だからそのプロセスでは、次の段階で引き取る人がお客様であるととらえ、お客様にもっともいいこととは何か、どうしたらそのお客様の役に立てるかを考えて構成していく。自分たちの意思や都合からものを提供するのではなくて、後工程が「これが欲しい」「あなたのこのサービスが欲しい」と注文する。前工程はそれに対して応えていく。

先ほどの出版社の例で言えば、総務部の後工程は、第一に本社屋で勤務する社員たちです。しばしば訪れる外注業者の人たちも含まれます。中でも忘れてならないのは掃除のおばさんでしょう。彼ら彼女らが、総務部の後工程であり、セキュリティ・システムのお客様なのです。

大野さんはこういうことを考えました。

トヨタ生産方式の中で、「後工程はお客様」はキャッチフレーズのようにさらりと出てきますが、私は大変革命的な概念だと考えています。

『「顧客は誰か」との問いこそ、個々の企業の使命を定義するうえで、もっとも重要な問いである』という、ドラッカーがわざわざ記述した当たり前のことに対する、もっとも的確な答えだからです。

トヨタでは30万人、デンソーでは12万人にもなる企業体を運営していくとき、必然的に機能別あるいは製品別、地域別に組織を作ります。その組織一つ一つが、「お客様の満足」を目指して仕事をしていかなくてはいけない。しかも大事なのは一つ一つの組織が主体性を持って「お客様の満足」を実現していくことです。いつも解説し続けていなくてはいけないようでは困ります。

その際、「後工程はお客様」である。「このお客様の満足を、どうやって実現するかをいつも考えなさい」と言えば非常に分かりやすい。これは革命的なことだと思います。

優先順位と行動が大切

ドラッカーは、先述のさまざまな目標を包括的にとらえて、「優先順位の必要性」と

「行動こそが大事だ」と論じています。

ドラッカーの言う優先順位は、事業計画のような大きな単位のことだろうと受け止められます。つまり「自分たちはこの事業に必要な専門能力を持っているから手がけたい」「これは将来有望だ」など、さまざまなプランはあるけれども、全部を手がけるわけにはいかないから、優先順位をつけなければいけない——そんなふうに読めます。最近よく言われる「選択と集中」もこの文脈で使われることが多いと思います。

実際、企業活動には、あらゆる局面で優先順位があります。「この事業か、あの事業か」といったレベルでの優先順位はもちろんあります。トップマネジメントが、どの事業を選ぶかで間違いをしでかしたら元も子もありません。

しかし、企業や組織に属している一人一人の行動にも、日々の仕事の中にも優先順位がある。こちらもきわめて大事です。この細かな部分の優先順位を間違えないようにしていくことで、組織全体が正しく機能するのです。

トヨタ生産方式は、この日常的な優先順位を見極めるために、大変な精力を費やしています。正しい優先順位を仕事に携わる人皆が理解し共有できるように、どういう仕組みにすればいいのかを大変な時間をかけて考え、先行投資を惜しまなかったのです。

もっとも典型的な事例が、「あんどん」と呼ばれる、現場管理の道具です。具体的には次のような仕組みです。

自動車の総組み立てラインというものがあります。カラードボディという赤とか白とか黒などに塗装が完了したボディが入ってきて、そこにいろいろな部品が取り付けられていく最終の組み付けラインです。エンジンが取り付けられる。トランスミッションも取り付けられる。アクスルが取り付けられる。タイヤが取り付けられる。あるいはドアの内張りが取り付けられる。

タクト（1工程1台当たりの作業時間）1分として、1分に1台、1時間に60台くらいの割合で工程が進んでいく。こうして、最終的にお客様の手に渡る完成車に仕立て上がっていくわけです。

総組み立てラインでは、少なくとも500人以上が作業に携わっています。何百という工程がコンベヤーでつながっています。もちろん、全体が1本でつながっているわけではありませんが、複数のコンベヤーが連動的に動きながら車が完成していく。それだけの長いラインでは、何百という工程で構成されていますから、すべてがバランスよく、いつも動いているなんてことはなかなか難しいわけです。

　要するに、どこかで何かトラブルが出る。たとえば前工程から、不良品が入ってきてしまった。本当は良品が100％であるべきところですが、不良品が混じることもないとは言えません。気がついて手直ししてから、自分の作業をする。したがって、その工程で少し余分に時間がかかってしまう。そんなことが、あちこちの工程で同時多発的に発生することも、もちろんあります。

　コンベヤーの上では、いつも同じ作業をしているわけではありません。自動車はたとえ同じ車種であっても仕様によって千差万別、ものすごく種類が多いのです。

　高級な仕様が来たときには部品を5点取り付けなければいけない。一方、タクシーに出すような車が来たときは、部品を2点取り付ければ、もう仕事が終わってしまう。その工程では、5点取り付けでは大忙し、2点のときはヒマ。3、4点の部品を取り付ける仕様の車が来たときに、ちょうど気持ちよく流れるといったことが、本当に絶え間なく起こっているのです。

　そういったうまくいかないことが起こったらどうするか。

　それぞれの工程にはすべて、コンベヤーを止めるボタンがあるので、これを押します。

すぐにコンベヤーが止まると混乱するので、定位置まで動いて止まるのですが、たとえば工程3番で異常が起きてボタンを押したとすると、まず電光掲示板に、工程3番の番号とともに黄色いランプが点灯します。

この電光掲示板を「あんどん」と称し、誰からでも見える高い位置に設置されています。黄色いランプは、「異常が起きたので監督者は来てください」という意味なので、監督者はその工程に飛んでいって、状況を確認します。そこで不良品が出ていても、コンベヤーが定位置で止まるまでに、監督者が手直しできるようならボタンを解除して黄色いランプは消え、コンベヤーはそのまま動き続けます。もし手直しが大変で、定位置まで進んでしまうと赤ランプに変わり、コンベヤーも止まるのです。

この「あんどん」の仕組みには相当な費用がかかります。200工程あれば、そのすべてに「ボタンを押したら、解除されない限り定位置まで動いて止まる」という設備を施し、さらに広い工場のどこからでも見えるような高い位置に電光掲示板を設置するのですから。

非常にお金がかかっている「あんどん」ですが、それによって生産性が上がるとか、作業が便利になるとかといった直接の便益はありません。ただ状況が分かるだけです。

自動車の生産現場は、総組み立てラインのような一部分だけを取り上げても、1万平米くらいの広さがあって、コンベヤーが複数走っているような大変なところです。ある部分についてのみ視察する、改善するとなればその現場に行けばいいのですが、ラインのどこに問題があって、何を直せばいいのか、どこのムダを省けば、全体にとってもっともいいのかを見定めるのが大変なのです。

大野さんや鈴村さん、あるいは私が現場に行って何をしているかと言えば、この「あんどん」をジーッと見るわけです。そうするとほとんどの場合、黄色いランプがパカパカと点灯しています。

黄色いランプが点《つ》いても、停止位置までに解除されて、ランプが消えて動き続けるという工程が多いのですが、5サイクル、6サイクル、あるいは10サイクルと見ていると、たとえば3番の工程の黄色いランプが5回も点くといったことが分かる。

そのうち2回か3回かは、赤ランプに切り替わって、3番の工程が今ラインを止めているといったことが、「あんどん」を見ていると分かります。

潜在的には、ほかの工程にもいろいろ問題があるかもしれない。しかし、ほかの工程で作業遅れがあっても、そこが止める以前に、3番によってラインが止まって、その間に追いついてしまうということもあります。したがって少なくとも現状では、3番の工程にいちばん大きな問題があることが明確になるわけです。

そんなときわれわれは、すぐ3番の工程へ行ってじっくりと見ます。つい「どうした？」「何が問題だ？」などと聞きたくなりますが、見ているだけです。しばしば作業している本人も監督者も気がついていないことがあるからです。よく観察していると、「そうか、こんなところにやりにくいことがあるのか」と見えてきます。

たとえばボルトをインパクトレンチで締める作業で、うまくいくときもあれば、途中でトルクが過剰になって自動的に止まるときもある。締め付けが緩いと不良品になってしまうので、ボルトをいったん抜いてやり直さないといけない。「だから3番ではよく止まるのか」と、まず分かってきます。

作業のやり方はと見ると、決められた手順通りで、インパクトレンチの角度やタイミングも問題ない。けれどもうまくいかない。調べてみると、ボルト止めする部分は、鉄板が2枚3枚と重なったところに穴が開いているのですが、ずっと見ていると微妙にその穴がずれて楕円形になっているものが見つかります。

「これか！」と思うのですが、うまく穴が開いているものもある。なぜそうなるのかを探って前工程へとさかのぼっていきます。すると2、3台に1台ずつ穴がずれて楕円形になっている。これをさらにさかのぼり塗装工程を過ぎて、溶接工程まで入って、最初に2枚を重ねて溶接する工程まで行くと、そこで微妙にずれていることが分かる。

その工程でもじっと観察していると、溶接のために治具《じぐ》に重ねた段階でずれているように見える。そこで初めて監督者を呼んで「あれ、ちょっとおかしくないか」と聞くわけです。

監督者も分かっていて「いや、もう設備の修理を頼んであるんですが、基準のピンがグラグラしていて2枚の鉄板を重ねたときに、少しずれてしまうんです。仕方がないから、それを押さえながら溶接して後工程に送っていますが、このグラグラには困るんですよね」といった話が出てきます。

すぐに保全部署の担当者を呼んで早く直すよう言うとともに、その修理まで、ラインを一時的に止めてでも何か応急処置をするように指示するわけです。また、それ以上に大事なことは、基準ピンが二度とずれないように、ピンの材質を変えたり、ピンを固定しているボルトに点溶接をして緩まないようにしたりして、再発防止をすることです。

ポイントになるのは、3番の工程がいちばん大きな問題を抱えているのだから、そこを直すことが最優先になるという点です。ほかの工程でも問題はたくさんあるのだけれども、3番以外の工程をいくら改善しても、どうせ3番がもっとも長い時間止めてしまうのだから意味がない。だからまず、3番を直さなくてはいけない。

3番を直せば、必ず次に大きな問題を抱えていた工程が黄色ランプ、赤ランプの連発を始めます。今まで3番が止めてくれるがゆえに助かっていた、たとえば11番が間に合わなくなってラインを止めるのです。そこで今度は11番に行って、ジーッと観察する。これを繰り返していくわけです。

「あんどん」は優先順位を明確にするために、必要不可欠な道具として、時間と費用をかけて開発・設置しているのです。


日々の仕事の中での優先順位がきわめて大事であって、それを間違えると、手間とお金ばかりがかかって、何の効果も出ないということがたくさんあります。

これは製造現場に限りません。事務所の仕事であっても、つねに仕事の進み具合と優先順位が、一目で分かるように工夫することは非常に大事なことです。

ただ人間はどうしても、優先順位をはっきりさせるためだけに、わざわざ余分なことをするのを嫌います。たとえば事務作業で「書類の処理がここまで進んだら、進捗状況を示すためにこの表示を動かして、次のステップまで進んだら、また次の表示へと動かせ」などと取り決めを作ると、「面倒くさい」「官僚的だ」「そんなことをしているくらいなら、さっさと仕事を片付けたほうがいい」という声が上がりがちです。

しかし、その仕事に関係している人がものごとの優先順位を明確に理解するためには、いろいろな仕組みを作って、手間をかけることが、実は必要なことが多いのです。

優先順位は非常に重要な概念ですが、ドラッカーは少し淡泊すぎるのかもしれません。

また、行動の大切さについて、ドラッカーはこう述べています。

『「われわれの事業は何か。何になるか。何であるべきか」を考え目標を検討するのは、知識を得るためではなく行動するためである。……したがって、検討の結果もたらされるべきものは、具体的な目標、期限、計画であり、具体的な仕事の割り当てである。目標は、実行に移さなければ目標ではない。夢にすぎない』（P.36）

大野さんも、まったく同じで、行動を強く要求しました。

現場から離れて、事務所で論戦を繰り広げるようなことを非常に嫌ったのです。「口舌《こうぜつ》の徒はいらん」「評論家はごくつぶしだ」としょっちゅう言っていました。

さらに、本書の冒頭でも述べたように文書化に時間や力を割くことは否定しました。とにかく日々の改善を、その即時の実行を重視するからです。

つまり改善をしてある状況を作り上げた数時間後、「いいと思ったけれども、もっといい方法もあるな」と思うと、またすぐ直す――そういったことを非常に強く要求したのです。書きものにして残しているひまがあるなら現物を直せ、改善しろということです。

大野さんが重んじたのは現場でした。口舌の徒だの評論家だのと罵ったり、あるいは書きものにしたりすることをあえて否定したのは、現地・現物が大事だと強調するためのアンチテーゼでした。

「お前たちは、すぐに現場のことを書きものにして、紙を通して見ようとするからいかんのだ。もっとよく分かる現場があるのに、それを書きもので、紙で覆い隠すから見えなくなるんだ。それを目の前から取れ」としょっちゅう言われました。

もうひとつ、いつも繰り返し言っていたことがあります。

「おい、岩月。『百聞は一見にしかず』と言うよな。まったくそのとおりで、100回聞くよりも現物を見れば一目瞭然というのはある。昔の人はいいことを言った。だけどな、お前、『百見は一行《いっこう》にしかず』だぞ」

すなわち、100回見てよく理解しても行動に移さなかったら、それは何の意味もない。あるいは100回見るよりも1回自分でやってみたほうが、物事がずっとよく分かる。この2つの意味が、「百見は一行にしかず」にあるわけです。

予測は当たらない

『戦略計画は予測ではない。未来の主人になろうとすることではない。そのようなことは、ばかげている。未来は予見できない。……戦略計画が必要となるのは、まさにわれわれが未来を予測できないからである』（P.37）

企業活動にとって、次に起こる出来事を、正確に予測できるよう努力することは、たしかに必要なことではありません。円高に振れるのか、円安になるのか、あるいは労働市場はどうなっていくのか、電力供給はどうなるかなど、予測することを否定はしませんし、大事なことだとは思います。

しかし、留意しなくてはいけないのは、予測によっては問題のわずかな部分しか解決しない、ということでしょう。

ドラッカーを引くまでもなく、未来は予測できません。大震災とまでいかなくても、事業活動は想定外の出来事の連続です。予測通りに進むことなど、めったにありません。予測は当たらないことを前提にすると、それを基にした計画通りにことを進めるなど、ナンセンスだと分かります。

トヨタ生産方式は、計画は作るが、実行に当たってはその時々の変化を織り込んだベストのものに、その都度修正する、という前提の下で構築されています。これは非常に特徴的だと思います。

予測は当たらない。だから変化が起きたら、それに対応するリードタイムを極限まで短縮しようとするのです。変化が起きてから、1日、あるいは1週間たって、ようやく対応ができました、なんていうことをやっていると、次の変化がまた起こってしまう。そうするとつねに後手後手になってしまいます。

だから変化が起きたら、直ちに追随する。対応する。

トヨタ生産方式の中心になっているのは、どうすれば短いリードタイムで瞬時に動きが取れるのか、変化に対応できるのかという考え方であり、それを具体化するのが「かんばん方式」なのです。

あるとき鈴村さんから「競馬必勝法ってのがあるけど、お前、知っとるか」と聞かれました。「そんなこと分かるわけがないじゃないですか」と私が答えると、「あのな、馬が走ってから馬券を買うことだ」と言うのです。

何だか変なことを言っていると思いながら聞いていたら、「かんばん方式」は「馬が走ってから馬券を買うこと」と同じだというのです。

ご存じの方も多いでしょうが、「かんばん」とは、部品の箱についている紙の札です。後工程が部品を引き取ったら、この「かんばん」を前工程に戻します。前工程は「かんばん」をもらって初めてその分だけ部品を造ることができます。

「かんばん方式」を端的に言えば「売れたものだけを、パッと造ってまた置いておく」ということです。すなわち先述した「後工程はお客様」の考え方による、「後工程引き取り＝後補充生産」です。

この「売れた」という情報は事実です。予測でもなければ、計画でもない。結果であり実績です。この情報に基づいて売れた分だけを、また造って置いておく。これは言い換えれば、馬が走ってから、馬券を買うのと同じだと、鈴村さんは説くのです。

「ただしなあ、売れたものを瞬時に、パッと造って補充して置いとくって、大変なことだぞ」

最近の回転寿司は高級化して、注文してから握って出すことが多いですが、回転寿司の原型は売れたものをまた握って、ポンと置いていました。食べ物ならかなり近いことができそうですが、工業の世界ではなかなか難しい。

工業によるモノ造りは、大掛かりな設備を使って金属を削り出して、きわめて精密に加工して仕上げていくようなことの集成です。削る工程や研磨する工程など、いろいろな工程を経て完成します。しかも専用ラインで造られているわけではないので、品物を換えるたびに段取りを変えなければいけません。

段取りの変更にすぐに1時間や2時間が飛んでしまいます。その間、生産を止めると設備の償却費がどんどんかさんでくるといった、難しいことがたくさんあるわけです。それを乗り越えていかないといけません。

『スティング』という映画をご存じでしょうか。ポール・ニューマンとロバート・レッドフォードの演じる詐欺師が、ギャングのボスに復讐をするコメディです。

この映画の中で2人は、ギャングのボスに競馬で大金を賭けさせて、その賭け金を巻き上げようとします。「特別な情報を持っているから、必ず当たる」と言って、まずは少額を賭けさせて信用を得ます。ボスは、馬券を買った直後に実況中継を聞くのですが、実はこれは、馬券を買う前にすでに終わったレースの録音を、2、3分だけ遅らせて放送したものだったのです。ボスの家中の時計も、その時間分だけ遅らせておく。そうやって信用させておいて、最後に大金を賭けさせて、預かったままドロンと消える話でした。

鈴村さんから「後から馬券を買えば100%当たる」と言われたときは、「なんていうバカな話をしているんだろう」と思っていたのですが、この映画を見て「なるほど、そうだなぁ」と感心した記憶があります。

つまり事前に結果を知っていて、偽の競馬中継でもしないと予測は当たらない。そのくらい予測や計画はあてにならないという基本概念があって、そんな状態でも高い効率でモノ造りをするためには、どうあらねばならないかと徹底的に追求していったのが、トヨタ生産方式なのです。

そのコンセプトの中心が、リードタイムの極限までの短縮です。

変化への即時対応を掲げても、オンタイムにはできるわけがありません。きわめて短時間で変化に対応するわけです。

前述したように、できるだけ蓋然性の高い予測をすることや、正しいであろう計画をつくること自体は必要です。しかし、それによって大枠は決めるけれども、実際には、後補充生産によって時々刻々と変化する状況に追随していく仕組みを徹底して作るのです。

もちろん、大枠の想定通りに進むこともありますから、そんなときにはどうしても「なんで効率を落としてまで、ちまちまと後補充生産をしなければいけないんだ」という気持ちになります。

ドラッカーは言います。

『**経済活動の本質とは、リスクを冒すことである。リスクを皆無にすることは不毛である。最小にすることも疑問である**』(P.38〜39)

ここで言うリスクとは、想定外あるいは想定に対する大きな変化、と言い換えてもよいでしょう。

大野さんはまさに「変化こそが常態である」と考えていました。

変化が常態であるならば、変化に追随できることが基本の仕組みでなければいけない。

変化が起こったときには、スッと動いて合わせることができる。これを厳しく要求されたのです。

だからどの車種をどういう順番で造るかといった計画はありますが、それは計画部署が持っているだけで、現場には次の1台は何を造るかということしか伝えません。というのも、もし1日の計画を知らせていると、人間は先回りしたくなります。次に造るものと、4台先と7台先に同じ車があった場合、そのための準備を3台分したくなる。しかし、そうしたとたん、その3台分の部品で置き場所が占有されて、急な変更があった場合にまずその場所を空けなくては追随できません。

1台造ったときに次の予定が確定する。先の予定を空にしておくことで、本当は次の1台に変更がなされていても、現場はその変化に気づかないままに追随していけるのです。

ドラッカーの言う「戦略的に行動する」とは、前項の「優先順位」同様にいかにも大袈裟なことに思えます。しかし、日常活動の中に、こうした変化に追随できる仕組みをきちんと取り入れることのできた企業体が、戦略的に行動できることになるのではないでしょうか。

第2章

働きがいと生きがい

人間の能力への限りない信頼

ドラッカーは、今、先進国では労働人口のほとんどは被用者であり、現代が被用者社会であることを示したうえで、以下のように語っています。

『同時に今日、労働人口の中心は肉体労働者から知識労働者へと移った。あらゆる先進国で、労働人口のますます多くが、手だけを使って働くことをやめ、知識、理論、コンセプトを使って働くようになった』（P.54）

『この肉体労働者が、再び危機に立たされている。経済的な保障が脅かされているわけではない。むしろ経済的保障はさらに確立されていく。問題は、彼らの社会的地位と身分が急速に失われつつあることにある』（P.54〜55）

ここまではいいのですが、次の定義づけには少し異論があります。

『肉体労働者の問題は、社会にとっては重大であってもマネジメントにとっては小さな問題である』（P.55）

**『この点に関してマネジメントに望むべきは、過去の歴史が残した傷をふさぐことである。

これに対し知識労働と知識労働者に関わる問題は、昨日ではなく今日と明日の課題である』（P.55）

ただその異論も、次の段落でかなりそれが補われます。

『**知識労働は、昔から一人ないしは少人数で行われてきた。今日、知識労働は複雑な大組織において行われている。この意味で、今日の知識労働者は昨日の知識専門家の後継ではない。昨日の熟練労働者の後継である**』（P.56）

この位置づけは、納得できます。

以上を整理して言えば、手だけ使って働くような肉体労働は、先進国では機械に置き換えられていく。技術の進歩で自動化されていって、人の手を煩わさないですむようになっていく、ということです。

その際、単純労働ほど、機械に置き換わりますから、当然のことながら、ドラッカーの語る通り『知識、理論、コンセプトを使って働く』ようにならざるを得ません。

しかもそれが、国内のみの事象にとどまりません。現代は、1ジェネレーション30年といわず1デケイド10年で、きわめて急速にグローバル化が進展しているのはご存じの通りです。

すなわち作業内容が変わらないものは、より労務費の安い新興国へ、自動化もされずそのままのかたちで移行していく。その結果、先進国では仕事がなくなっている。

ドラッカーの言う『経済的保障はさらに確立されていく』も怪しいですが、社会的な地位と身分が急速に失われつつあるのは事実かもしれません。

自らが担当している仕事の意味が、だんだん失われていくように本人も思う。そのことで、社会も個人も危機に追い込まれてしまう――しかしここで『肉体労働者の問題は、社会にとっては重大であってもマネジメントにとっては小さな問題である』という指摘につながるのには、先ほども触れたように、やや異論があります。

これは、平たく言えば「働きがい」とか「生きがい」の問題です。

現場における繰り返し作業に習熟していって、人よりも速く確実にできるようになることも、たしかにある期間は働きがいになります。

「けれども、それだけで長期間にわたって働きがいや生きがいを持ち続けるというのは、なかなか難しいぞ」と、大野さんは一人一人が主体性を持って働くことを重視しました。

端的に言えば、自分が担当している仕事のやり方を、よりよいやり方に、変えていく。そのことをいつも自ら考える。チャレンジをする。なおかつ、変えていくということに対して、自らに主体性があることが大事だというのです。

要するに「こういう手順にしたらどうだろう」「こんな道具を使ったらどうだろう」「こうすれば自動化できるかもしれない」といったことを、自ら考えて、工夫して、提案する。しかもそれが正しければ、高い確率で実現可能な状態を用意しておくことです。

「そういう主体性があることが、いちばん大事なことだ」というのが、大野さんの考えでした。

「人間の能力というのは、本当にすごい。見ているほうが、これ以上要求しても無理だと思うようなことでも、やっている本人が『実は、こうすればよくなる』『ああすればもっとよくなる』ということを、たくさん持っている。導き方を間違えなければ、どんどん知恵が出てくる」とも、ことあるごとに言っていました。

製造の現場にはたしかに繰り返し作業があるけれども、つねにそれは工夫され、改善され、変化しながら続いていく。現場で働く人が訓練され、仕事に習熟した熟練労働者となり、さらに主体性を持つことで肉体労働者はすなわち知識労働者となる。まさに『この意味で、今日の知識労働者は昨日の知識専門家の後継ではない。昨日の熟練労働者の後継である』というドラッカーの言葉の実例です。

しかも前述したように先進国では、同じ作業のやり方を繰り返すのであれば、機械化や自動化ではなく、よりコストの安い新興国へ仕事そのものがそのままのかたちで移動していく。これが今、日本で起きているわけですが、この状況では、現場の作業が現場の人々の主体性のもとに、より付加価値を高めるかたちへ変化していくことが、ますます重要になってくるのです。

働きがいと生きがい

『仕事と労働（働くこと）とは根本的に違う。……仕事の生産性をあげるうえで必要とされるものと、人が生き生きと働くうえで必要とされるものは違う。したがって、仕事の論理と労働の力学の双方に従ってマネジメントしなければならない』（P.57）

『人にとって、働くことは重荷であるとともに本性である。呪いであるとともに祝福である。それは人格の延長である。自己実現である』（P.59）

働く者が満足するだけじゃダメだし、仕事が生産的に行われるだけでもダメだということです。まったくそのとおりだと思います。

人間は仕事を通じて、人格や人生観のありようを形作っていきます。人間が働く場所とは、収入を得るためだけの場ではありません。企業で働く人であれば、目覚めている時間のほぼ半分を費やす自己実現の場ですし、どんな仕事をして、どんな人間集団に属しているか、働く場所によって家族や地域社会とのつながり方も大きく変わります。

マネジメントは、こうした前提をしっかり考慮に入れなくてはいけません。

25ページでも触れたように、ドラッカーは「マネジメント」という言葉を、2つの意味で使っています。概念としてのマネジメントと、それを遂行する者という人格的な意味で使っている場合があります。私たちも一般的に両方の意味合いで使っていますが、後者の用法（＝マネジメントをする人は）とくに、働くこととは自己実現であることを、つねに念頭に置いておく必要があります。

あらゆる仕事を生産的にする

いわゆる肉体労働の世界においては、仕事を生産的にする手法が、かなりの部分まで確立されていることを前提に、ドラッカーは以下のように語っています。

『すでに肉体労働のためのものが、大きな修正もなしに、情報の処理つまり事務の仕事に適用されることが明らかになっている。サービスの仕事も、そのほとんどは、物を生産する仕事と大差はない』（P.63）

『肉体労働についての体系的な方法論を適用できるかどうかが明らかでない唯一の分野は、発明や研究など新知識を生み出すための活動である。しかし、適用できると信じるにたる理由はある』（P.63）

前段はある意味では当然ですが、注目すべきは、後段の見解です。

つまり発明や研究も含めた知識労働に、肉体労働と同じ手段・方法を適用するのは可能ではないか、と問題提起しているわけです。

これには私も「なるほど」という体験があります。

今、私が籍を置いているデンソーは、技術開発に対する志向がとりわけ強く、自動車用電装部品やエンジン部品などの新分野の開発で先頭を切って走ってきたから今日がある会社です。もちろん開発、設計だけでなく生産、販売まで総合的に行ってきた結果、今日の大を成してきたわけですが、やはり思考の中心は技術開発にあると言っていいと思います。

というのも、私は10年ほど前にトヨタの取締役からデンソーへ移籍をしたのですが、そのときの印象では、やはり技術開発にたいへん関心が強く、製造も本格的にやっているものの、多少関心が薄いように見えました。

移籍前の私の担当は、海外営業あるいは事業企画が中心でしたから、移籍後も同じ分野を担うほうが自然だったのでしょうが、全体を見渡したときに「あ、これはやはり製造が弱いな」と分かりました。そのため、私が製造分野を見ていくことが、優先順位として上位になったわけです。

私が製造を中心に見始めて、当時、製造現場を担当している人たちはかなり刺激を受けたようです。というのもそれまでのトップマネジメントが、先述のように、うわべはともかく実態としてあまり製造に関心を持っていないのではないかと感じていたからです。言葉では「モノ造りでは製造現場はたいへん大切です」と持ち上げられても、口で言うほど製造の仕事が大事だと思っていないんじゃないかと疑心暗鬼だったわけです。「もし本当に関心があって大事だと思っているなら、もっとわれわれの前に姿を現して、一緒に仕事をするはずだ」という雰囲気が現場にただよっていました。

そこに、大野さんの薫陶を受けた私が行って、トヨタ生産方式を軸に「現場を変えていこう」「改善していこう」と、きわめて泥臭くアプローチしたのです。現場へ出ずっぱりになって、姿を見せて、声を聞かせて、倦まず弛まず改善を繰り返し要求するうちに、「あ、会社は本当に現場が大事だと思っているんだ」ということが伝わり、製造の具体的な手段方法からフィロソフィー、コンセプトにいたるまで、製造現場に大きな変化が起こりました。

デンソーの会社組織は、製品のグループごとに事業部制をとっています。この製品単位による事業部のほかに、生産技術部、営業部、研究開発センターといった機能単位の専門組織も持っていますが、やはり実業の主体は事業部です。したがって、設計、生産技術、製造、経理、人事労務など一通りの機能が、それぞれの事業部の中にあるわけです。

なおかつ研究開発志向の会社ですから、事業部の長はほとんどの場合、研究開発からスタートした人が就いていました。つまり製造を中心にキャリアを積んできた人が長になるとか、人事労務や経理を中心に見てきた人が長になるというケースはまずありません。

ほとんどの場合、研究開発からスタートしてキャリアを重ねた人が長になるので、ますます研究開発を中心に見ていくというサイクルで回っていたわけです。もちろん、これは悪いことではありません。

ところがスタート地点からずっと研究開発一筋の人も、事業部長になれば組織の全機能について責任を持たなくてはいけません。そのときに彼らがいちばん苦手なのが、実は製造なのです。

研究開発は、知識労働を専門とする人材を組織化した、いわば少数精鋭で行っている仕事です。一方、製造現場は人数からいっても研究開発部隊の10倍も20倍もいるわけです。ものすごいマスを相手に仕事をしなきゃいけない。当然、マネジメントのありようは随分違うわけです。研究開発出身の事業部長たちは、そうしたことに慣れていないということもあって、非常に苦手にしていたのです。

そんな中で私が、事業部の垣根を越えて製造部門を横断的に見たわけです。彼ら、事業部長にとっては、結果としてはありがたい話です。成果は第一義的には、その事業部のものになるのですから。私はそれぞれの事業部の製造部門を見に行ったり、指示を出したり、あるいは担当者を集めて講話をしたりしました。

当然、事業部長というのは、私のすることをずっと見ています。

現場が大きく変わるのを見て、そこにあるフィロソフィーとコンセプト、そしてメソドロジー（方法論）に気がつくわけです。以前は、製造とは大組織でどうマネジメントしていいか分からない。「本当にご苦労さま、製造の君たちが会社を支えているんだ、財産だ」と言うくらいしか、具体的な方法論がなかったのが、「こうやってマネジメントができるのか」と分かったのです。

それよりももっと重要なのは「同じ方法は技術開発や設計の分野にも適用できるのではないか」と彼らが考え始めたことでした。

これは非常に大きな変化でした。自分なりに咀嚼整理して、これを技術開発の分野に適用してみようと思ったとたんに、彼らは非常に真剣になったのです。会社にとって大きな出来事だったと思っています。

こうして、開発、設計しか見ていなかった、もっと言えば見られなかったトップが、事業部全体に目配りできるようになっていきました。

ドラッカーは遠慮がちに書いていますが、まったく正鵠《せいこく》を射た内容であって、「体系的な方法論」は「発明や研究など新知識を生み出すための活動」にも適用できるのです。

人間の尊厳への敬意

ドラッカーはダグラス・マクレガーのX理論、Y理論について書いています。
ご存じのようにX理論は「人間は怠惰で仕事を嫌う、だから厳しく強制しなければならない。指示しなければいけない」というもの。Y理論は「人間は自己実現の欲求があるので、仕事を通じての自己実現をしたいと思っている。責任を果たそうと思っている」というものです。

現代では労働者の自主性を尊重して、自己実現したい、責任を果たしたいという思いを引き出すY理論によるマネジメントが望ましいとされているわけです。ドラッカーはそれを否定しているわけではなさそうですが、シニカルにこう決めつけています。

『産業心理学は、そのほとんどがY理論への忠誠を称する。自己実現、創造性、人格をいう。だが、その中身は心理操作による支配である。その前提たるや、X理論のものである』（P.65）

Y理論への忠誠を称するほとんどの産業心理学は、人間の欲求に心理学的に働き掛けて、望むような結果を出そうとするものではないのかと。むしろX理論へ先祖返りするような話であって、Y理論を信奉していると言いながら、それは

『いかに進化したといっても、これが支配であることには変わりない』（P.65）

とまで言っています。そのうえでドラッカーは、

『仕事のうえの人間関係は、尊敬に基礎を置かなければならない。これに対し心理的支配は、根本において人をばかにしている』（P.66）

と述べています。これは非常に重要な指摘だと思います。

根底にきわめて哲学的な2つの要素を持つ「トヨタ生産方式」は、この指摘への回答でしょう。その要素のひとつは人間の能力への限りない信頼です。それゆえに人間の知恵に期待して、それを引き出していくことに軸を置きます。もうひとつは、人間が本来持っている尊厳をもっとも大事にすることです。この2つが、哲学としてベースにあって、そのうえにコンセプトや方法論が乗っているわけです。

その好例が、現在、トヨタ自動車の代表取締役会長を務めている張富士夫さんが、1986年、アメリカ・ケンタッキーに、トヨタ・モーター・マニュファクチャリング（TMM）という会社を立ち上げたときの話です。

TMMは、トヨタ自動車がアメリカで初めて自らの資本100％で設立した会社で、アメリカの産業界や経営学の世界から非常に注目されていました。というのも日本的な土壌で成立している「トヨタ生産方式」という、やや特殊な方式が果たしてアメリカに適応で

きるのか、本当にアメリカでも成功するのかと関心を持たれていたからです。

事前の予想では、難しいだろうと思われていました。アメリカは集団の利益よりも個人の利益を優先する個人主義の国であり、その土壌で「トヨタ生産方式」は成り立つのかと、産業界からアカデミズムの世界までが、否定的に見ながら注目していたのです。

張さんは、大野さん、鈴村さん直系の「トヨタ生産方式」を作り上げた3人のうちの一人として間違いなく名前の挙がる方です。その張さんが、TMMの会社運営の中心的なコンセプトとして打ち出したのが「リスペクト」という概念でした。

すなわち「TMMで仕事をしていくメンバーは、一つのチームを構成している。チーム内では上司と部下で立場が違ったり、仕事の中身や担当分野は違ったりする。でもやはり一つのチームなのだから、お互いにお互いが認め合おう、尊敬し合おう」という呼びかけでした。チームのメンバーは基本的に平等であって、その役割が違うだけである。お互いを尊敬し合う集団でありたい、あるように努めるという決意を示したのです。

もちろん具体的な行動も伴います。典型的なのは、お客様は別として、みんなチームの一員なので駐車場は先着優先、幹部社員や社長だからといって玄関の近くに専用スペースを取ったりしない。食堂も幹部用と一般従業員用で分けることもしない。来客用はあるけれども、チームのメンバーは共通の場所で食事をする。さらに社長であっても、すぐに現場に出られるように、基本的に作業用の制服を着用し、コーヒーを飲むときも、従業員と共通の自動販売機で自ら買ってくるなどなど、目で見えるかたちで整えて、根本から徹底していったわけです。

ただ、これらは本筋ではありません。本当に重要な場は、当然ですが日々の仕事の場です。トップマネジメントが仕事の現場につねに身を置く。現地現物を共有する。能力を信頼するがゆえに、ワンランク上のレベルの仕事を要求する。そこにいたるプロセスをずっと見る。できなければアドバイスし、結果をきちんと評価する。

この繰り返しが本当の意味で、お互いに敬意を持って接し合い、認め合うことだと思います。これを張さんはしっかりとやった。

アメリカではどちらかというと短絡的に「被雇用者、労働者を尊敬の念を持って取り扱います」「人を大事にします」「単なる労働力として見下すようなことは絶対しません」と受け取られたようですが、ともあれ「トヨタ生産方式」はアメリカの土壌にも根付き、TMMもうまく軌道に乗り、拡大へと向かいました。

やはり「リスペクト」という概念が、TMM成功の源だったのではないかと思います。

まさにドラッカーの言う「仕事のうえの人間関係は、尊敬に基礎を置く」ことにほかなりません。「経営側による心理学的な支配の手段」とは対極に位置しているのです。

ドラッカーは、日本企業の成功事例を、かなりの紙幅を割いて語っています。

『日本企業での成功――日本での成功事例の特徴は、一九二〇年代から三〇年代にかけ大組織向けに開発されたものである。

①日本でも、インダストリアル・エンジニアは、仕事の研究や分析のために、欧米と同じ方法、道具、技法を使っている。しかし、彼らは職務の設計は行わない。仕事の内容を明らかにした段階で職場に任せる。

②あらゆる人間しかもトップマネジメントまでもが、退職するまで研鑽を日常の課題とする。

③終身雇用制を持つ。少なくとも大企業では、ひとたび雇われれば職場が保証される。

④福利厚生が、少なくとも賃金と同じ程度に重視される。

⑤強力なリーダーを育てるようには見えない。凡庸なために選ばれ、波風を立てない小心な者を育成するうえで理想的に見える。わずか二〇年の間に、世界二位の経済大国を築

いた独立心に富む攻撃的なトップマネジメントが、この制度で生み出されたとは信じがたい。しかし日本では、終身雇用のもとで解雇されないため、また最初の二五年はもっぱら年功序列によって昇進させられるため、若い者の面倒を見、育てることこそ、マネジメントの第一の責任とされている。

⑥組織のあらゆる階層において、意思決定が何を意味するかを考え、責任を分担することが期待される。組織全体のために責任を果たす観点から考えることが期待される。意思決定のプロセスそのものへの参加ではない。意思決定を考えることへの参加である。権限による参加ではない。責任による参加である』(P.68)

と、特徴が6つのポイントに整理されています。

この中で②は、ドラッカーの目には特異なこととして映ったのでしょうが、私たち日本人は、当たり前のことだと思っています。むしろ上の立場になればなるほど、勉強を続けないと、その立場にふさわしい振る舞いができないと考えます。

大野さんもやはり、当然のように『退職するまで研鑽を日常の課題』としていました。冒頭でも述べたように、当時の専務という立場にはそぐわないと思えるほど、ムダを見つけて徹底的に排除していくのが、大野さんの日常的な活動でした。

「企業の中には仕事とムダしかない。ムダを徹底的にそぎ落として、仕事だけが残るようにしていくのだ」と言う大野さんは、それを率先して実践していたのです。

あるとき大野さんが、大変まじめな顔をして、こう言いました。

「そのうちそうなるかもしれないけれども、もし現場へ出て、ムダが指摘できなくなったら、おれも会社を辞めなきゃいかんからな」

繰り返しになりますが、大野さんがトヨタ自動車の専務の時代です。ムダの排除が企業にとっていちばん大事なことだから、自分自身も現場へ出たらムダを見つけて削る。それが仕事の本質であり、できなくなったら自分はこの任にいてはいけないという意味のことを、本当にまじめに言っていたのです。

「トヨタ生産方式」という、新しい大きな体系の創造に取り組む人の覚悟、気概を私はこの言葉から非常に強く感じました。

このことに関連して、あらためて『マネジメント』を読み直していて驚いたのは、以下の記述でした。

『成功は失敗よりも捨てることが難しい。すでに自負を育てている。成功は愛着を生み、思考と行動を習慣化し、過信を生む。意味のなくなった成功は、失敗よりも害が大きい』

（P.49）

繰り返し述べていることですが、大野さんから強く要求されたのは、現状よりも一歩でも二歩でも、倦まず弛まず改善していくことでした。歩みは小さくても、日々、よりよくしていくことを徹底的に求められたのです。

「うまくいっているからいいじゃないか」ととどまることは許されません。創造的破壊を我々部下に対してだけでなく、当然のごとく自らにも要求したのです。

前著でも触れたことですが、とくに私の印象に残っているのは、ムダの発生状況を写真に撮って説明したときのことです。報告をすませて資料を片付けようとしたら突然、大野さんに「岩月君、その写真は破っておけ」と言われました。

改善後に、以前のムダの多い姿が写真で残っていたりすると、「今はこんなによくなったんだ」とか、「自分は大変な努力をして現在の姿にたどり着いたのだ」と思ってしまうと戒められたのです。

つまり、現場を改善して「以前は9人でやっていた仕事が3人でできるようになった。

生産性は20〜30%も上がれば大変なことだけれども、3倍にもなった。しかも設備投資もしていない。これはすごいことだ」と、改善前の写真を見れば思ってしまうのが人間です。しかし、改善後も、現場へ行って現地現物を見れば、目の前に事実があります。「まだムダがあるじゃないか。余分な動きをしているじゃないか」と気がつくこともあるはずだし、状況の変化で新たなムダが生まれているかもしれません。

そのとき、自分の成功が大きければ大きいほど、目の前にムダがあっても、それが見えなくなる。愛着が目を曇らせると大野さんは言うのです。『成功は愛着を生み、思考と行動を習慣化し、過信を生む』というドラッカーの指摘そのものでした。

ことほどさように創造的破壊への挑戦は難しい。とくに自己否定が伴うときは至難です。ほかの人のやったことであれば「ああ、これはかなりの努力をして、ここにたどり着いたな」と分かっても「まだムダがある」と簡単に指摘できます。直していくことにもあまり抵抗がありません。ところが自分が努力に努力を重ねてここまでたどり着いたという場合、プロセスの大変さも変化の度合いの大きさも自分がよく分かっています。過去の自分を否定して、そのうえにまた、改善変革を積み重ねていく、創造的破壊を繰り返していくことは、非常につらくて苦しいものです。

またこんな体験もあります。

まだ私がトヨタ自動車の係長になるかならないかくらいのとき、大野さんと、役員に準ずる参与という立場の方と私の3人で、ある会社へ出張したことがあります。

工場で現場を視察したのですが、先方の社長による説明を聞きながら大野さんはかなりの速足で歩いていきます。大野さんはいちいち口にしないまでも「あの作業者の動作はムダだな」「そこにものが置いてあるけれども、必要ないな」などと感じながら歩いているわけです。

その後を参与がついて歩いていましたが、この方は大野さんほどには現場が見えていません。説明を受けながら「そうですか」と歩いています。私はさらにその後ろをついて歩いていましたが、大野さんが、ちらっと見て「うん、ばかなことをしておる」と思ったであろう場所では、すぐにその現場へ飛んでいきました。

そこの監督者を呼んで「この動作はちょっとおかしいでしょう」「こういうことがムダですよ」「直しましょうよ」「こんなふうに考えてみたらどうですか」などと、簡潔に話したのです。

その間に一行はかなり先へ行っているので、小走りで追いつくと、大野さんが別の現場をちらっと見て私のほうを振り返ります。私もそこに行って「敏感に後工程の引き取り状況を反映するためには、半分くらいに、全体の在庫量を減らしたほうがいい。もっと分かりやすくなりますよ」などと言ってくる。こんな調子で2時間近く現場を歩いたでしょうか。

後日、人づてに大野さんが「参与の地位にある誰それよりも、まだ、ぺーぺーの岩月のほうが、よっぽど役に立つ」と言っていたという話が聞こえてきました。

大野さんは、その場では絶対に褒めません。そもそも褒めて育てるとか、褒めて動機づけをすることは基本的にありません。褒められないとやる気にならないようでは論外だという雰囲気がありました。

そのことはともかく、大野さんも視察に行っている立場では、一つ一つ問い詰めたりはしませんが、ムダは全部見えている。絶対に見逃さない、直さなければ気持ちが悪い。ついてきている2人は、目の前にムダがあるならすぐその場で指摘するのが当たり前だろうということなのです。

「ムダが指摘できなくなったら、おれも会社を辞めなきゃいかん」という言葉とともに、大野さんのムダ排除に対する取り組みの真摯さは、ドラッカーの言う「トップマネジメントまでもが、退職するまで研鑽を日常の課題とする」こと、そのものと言えるでしょう。

また、このことは⑤「若い者の面倒を見、育てることこそ、マネジメントの第一の責任とされている」、⑥「組織全体のために責任を果たす観点から考えることが期待される」にも関連すると思います。

ドラッカーは、日本の成功事例を『そのまま欧米の土壌に移植することは不可能』（P.68）と明言しながらも、根底にある考えは欧米にもあって、同じように効果を上げている例としてドイツのカール・ツァイスのエルンスト・アッベと、アメリカIBMのトマス・J・ワトソン・シニアを取り上げています。

カール・ツァイスの事例では『**情報のフィードバックを必要としている**』（P.70）、『**働く者自身が、自らの仕事を管理しなければならない**』（P.70）、『**業績をあげることを学び意欲のあることを示しさえすれば、景気変動に関わりなく雇用を保証していた**』（P.70）という3点を挙げ、IBMでは『生産現場で技術者と技能者が協力して行った。その結果生まれたのが、きわめて優れたエンジニアリングだった』（P.72）と述べています。

こうした成功事例から、ドラッカーは以下のように結論づけています。

『これらの例は、いわゆる民主的マネジメントではない。参加型民主主義でもない。日本企業ではボスが誰かははっきりしている。アッベもワトソンも自らの決定を押しつけることを躊躇しなかった。……これまでの理論のほとんどは、「権限」の組織化に焦点を合わせてきた。これに対して、日本企業、ツァイスのアッベ、IBMのワトソンは、働くことのマネジメントの基礎として「責任」の組織化を行った』（P.72）

標準なきところに改善なし

仕事に責任を持たせる、働きがいを与えるための要素として、ドラッカーは次の3つを挙げています。

『①第一に、仕事を分析せず、プロセスを総合せず、管理手段と基準を検討せず、道具や情報を設計せずに、仕事に責任を持たせようとしても無駄である。このことは、独創性のスローガンには反する。……独創性といえども、基礎的な道具があって初めて力を発揮す

る』（P.74）

『②働く者に責任を持たせるための第二の条件は、成果についてのフィードバック情報を与えることである。自己管理が可能でなければならない。自らの成果についての情報が不可欠である』（P.74）

『③第三の条件は、継続学習である』（P.74）

　この3つの条件は、マネジメントだけが一方的に取り組むべき課題ではなく、最初から実際に仕事をする人たちが参画する必要があると説き、『彼らの知識、経験、欲求が、仕事のあらゆる段階において貴重な資源とならなければならない』（P.75）と述べています。

　前著にも書きましたが、このことに対応する格好の例があります。

　昭和13年ごろ、挙母《ころも》工場で流れ作業の導入を決めたときの話を、豊田英二さん（現トヨタ自動車最高顧問）が1984年10月に『日本経済新聞』の「私の履歴書」で明かしています。少し引用してみます。

『挙母工場ではメートル法の採用と同時に、流れ作業の導入を決めた。喜一郎（著者注：豊田喜一郎氏、豊田佐吉翁の長男でトヨタ自動車の創業者）はそれを実現するため、克明なパンフレットを作った。彼の頭の中には、工場を建設する前から流れ作業があった。

……流れ作業の考えを、どうやって社内に定着させるか。なによりもまず従業員、とりわけ管理、監督にあたる人の教育を徹底させなければならない。画期的なことだから、旧式の生産方式が頭にこびりついた人から洗脳する必要がある。喜一郎が作ったパンフレットは厚さ10センチもあり、流れ作業の内容がこと細かに書き込まれてあった。これがトヨタ生産方式のルーツである』

豊田喜一郎さんは、まず流れ作業を徹底するために、どう作業するか、どうあるべきかを厚さ10センチにもなるくらい克明に書いたわけです。まさしく先の3つの要素への、一つの明確な回答と言っていいでしょう。つまり「管理手段と基準を検討して、道具や情報を設計」したのです。

従来のやり方とはまったく違う新しいことに挑戦する場合、まずベースになるものをきちんとしておかなければならないという原則がここから読み取れます。ここでもドラッカーの見解とトヨタ生産方式の考え方はみごとに重なり合います。

これは新規の挑戦だけでなく、それを改善していくときにも重要になります。

もっとも大切なことは「標準のないところには改善はない」という思想です。まず標準をきちんとつくって、それが標準であることを関係者全員に周知徹底をさせる。そうやって初めて改善が始まるのです。これが「標準作業」です。

ここで言う標準とは、理想的なものという意味ではありません。標準づくりに2か月も3か月もかけたのでは勝負になりませんから、トヨタではまず、今の作業手順などやっていることをありのままに記すことから始めます。これが標準作業の第一歩です。

難しいことでもなんでもない。洗練されてなくてもいい。今やっていることをありのままに描いて標準として、描いたらそのとおりにやってみる。

そうすると「あ、このやり方よりもこう変えたほうがいいじゃないか」とか「これはムダだし作業もやりづらいから、こうしたほうがいいんじゃないか」といったことがどんどん出てきます。最初にありのままを記すところは職場の長が行うにしても、そのあとの改定作業は、実際に現場で作業をしている人が自ら発案し、標準をすぐに書き直していくということがポイントです。

実際に、新しい標準に従ってやってみると現場ではすぐに結果が出ます。「短い時間でできる」「作業が楽だ」「不良品を造ってしまうきっかけが少なくなる」など、すぐに分かります。このように標準を改定していくことで、標準作業のレベルがどんどん上がっていく。この連鎖が改善です。

「現状でやりにくいところとか困ったことがあれば、自分の創意とアイディアで変えられる。自分の標準作業は自分で変えられる。こういうことが結局、人間性の尊重にもつながる」という、大野さんの教えのうえに現場のルールができあがっているのです。

このことは、先に触れた「主体性が持てないと、モチベーションも高まらない」という「働きがい」とか「生きがい」の話に重なります。

ドラッカーはこう述べています。

『仕事を生産的なものにするうえで独創性に期待することは夢想である。必要なものは、実際に働く者の知識と技術である。彼らこそ唯一の専門家である。仕事とは総合的なものである』（P.75）

これは仕事とは、その都度、思いつきのようにものごとを進めるのではなく、しっかりとした仕組みをつくって、そこに『実際に働く者の知識と技術』を取り入れていくという意味でしょう。

「トヨタ生産方式」には「働きがい」や「生きがい」を非常に大切にした大野さんの思想が色濃く反映されているのです。

実は「かんばん」も人間性尊重の仕組みです。

後工程が部品を引き取っていったら、「かんばん」は外れて前工程に戻ります。Aという部品の「かんばん」が戻ってきてAを造って置いておくと、次はCとNとXの「かんばん」が外れて並んでいるのでその順番で造る。売れた分だけまた補充して造って置いておく仕組みが「かんばん」方式です。

Aはよく売れる、B、Cはこのくらい、Xはあまり売れないだろうという、一応の計画はあります。今月はこんな比率だろうという想定はありますが、現場で後工程が時々刻々に引き取っていくペースは、想定と同じかというと変化するのです。

Aを使って組み立てを行っているラインは順調で計画通り。しかしCを使っているラインは、別の前工程から引き取った部品に不良が混ざっており、頻繁にストップしている。Nはほぼ計画通りだが、Xのラインは後工程の引きが弱いので、一時ペースダウンしている、等々です。

状況の時々刻々の変化に合わせて、その都度ベストな順序・量で生産していく。

「かんばん」の様子を作業者が見て監督者に報告すると、監督者は「かんばん」の外れ具合を見極めて、今日、残業をすべきかどうかを判断します。工場の管理部署から指示があるわけではなくて、現場が自らの判断で決めていく。

「今日はもう定時で終わって、明日また様子を見よう」とか「こんなに後工程の引きが強いから、今日は1時間残業して、『かんばん』の数を減らすところまで頑張っておこう」といったことを、現場で判断する余地が残してあるのです。

さらに「かんばん」は前後の工程の一体感を醸成することにも一役買っています。たとえばあまりCの「かんばん」が動かないと「ちょっとCの売れ行きが悪い。何か後工程で起こっているのかな」などと分かるからです。

主体性の発揮や、結果のフィードバックの重要性、必要性をドラッカーはさまざまな事例を挙げながら、かなりの言葉を費やして語っていますが、「トヨタ生産方式」では現実に仕組みとして生き生きと稼働しているのです。

雇用を守るのに奇手妙手はない

企業の責任と、働く人への保障に関して、ドラッカーは2つ述べています。

『仕事と収入の保証がなければならない。……イノベーションや変化への抵抗は、人間の本性ではない。仕事と収入の保証が与えられているところでは抵抗は見られない』（P.77）『必要なのは、仕事と収入に関わる法律上あるいは契約上の保証ではない。……現実に仕事を与えなくては失業と同じ不安を与える。必要なのは収入の保証だけではない。積極的かつ体系的に仕事を与える仕組み、すなわち働く者を社会の生産的な一員にする仕組みである』（P.77〜78）

これはカール・ツァイスの成功事例で示された『業績をあげることを学び意欲のあることを示しさえすれば、景気変動に関わりなく雇用を保証していた』というくだりにも重なります。

しかしこれはなかなか難しい問題です。２００８年９月のリーマンショックのときを思い起こしてみてください。

日本の企業には、派遣社員や契約社員といった非正規雇用の人を、たとえ法律の範囲であったとしても、めったなことでは契約を中途解除して解雇などしないという暗黙の了解がありました。少なくともリーマンショック前まではそうでした。

ところがリーマンショックのときは、大げさでなく社会全体が右往左往しました。世間がいちばん驚いたのは、日本を代表する大企業も、いわゆる派遣切り、あるいは雇い止めに走ったことでしょう。中小企業で起こるようなイメージのあった派遣切りや雇い止めが、経団連の会長を出しているような大企業をはじめ世界に冠たる一流企業によって、それぞれ数千人という規模で実施されたものだから、世の中は騒然となりました。

私は、やはりそれはやるべきではなかったと、当時も思いましたし、今でも思っています。しかしあのときは、完全に浮き足立っていました。

たとえばトヨタ自動車であれば、国内のディーラー（販売店）、海外のディストリビュータ（代理店）から来る注文を全部足し合わせても、一気に半分以下に激減したのです。そうすると、いくら頑張っても定時までするような仕事などなくなります。人数に換算すれば何千何万という人の仕事が一気になくなってしまったのです。これは私がいるデンソーもまったく同じ状況でした。

ツァイスが「景気変動に関わりなく雇用を保証していた」と、ドラッカーが記しているようなことは、余裕のあるときなら可能でもリーマンショックのような状況では、非常に厳しい状態に追い込まれるわけです。

正社員は法で手厚く保護されていますから、非正規雇用の人たちがバサバサと切られていきました。違約金を払ってでも派遣契約を解除する、直接雇用の契約社員でも同様に違約金を払って解雇するといったことが、日本中で起こりました。ドラッカーの言っているような姿ではなくなったのです。

しかし、私は、デンソーでは一切、そうしたことをしないと決めました。

デンソー本体では派遣社員は使わず、全員が直接雇用の契約社員、いわゆる期間従業員です。法的には違約金を払えば契約の中途解除は許されていますし、6か月の契約期間が満了すれば延長希望に応えられなくても問題はありません。

しかしそうはいっても、働いている人たちにも都合があります。忙しくて大変なときもまじめに一生懸命に働いてきたわけですし、契約期間の途中で違約金を払うからといって辞めさせられることなど、制度上はあり得ても現実には起こらないと思っています。契約期間が切れたら別の仕事に移りたいと思っている人もいるでしょうが、次の半年も契約延長して欲しいと思っている人たちがたくさんいます。

しかし一方で、仕事は半分以下になりました。当時、デンソーには日本国内に約8000人の期間従業員がいました。その8000人分の仕事が、一瞬にして蒸発してしまったのです。社内では、期間従業員は全員契約解除しなければならないという意見も出ました。

とはいえ、やはりこれは大変なことです。実家が農業をやっていて、現金収入を得たいから期間従業員で働いているという人が、1か月分の違約金をもらって実家に帰るというのならまだ救われますが、そういう人は少数派です。今は会社が準備する契約社員用の寮に入っているので、辞めたら住むところがなくなる人もいるのです。

半年単位ですが延長を重ねながら、最長3年は身柄を会社に預けるという働き方が随分増えているので、さすがにそれはまずい。

本当に世の中が変化して、仕事が半分という状態が3年、5年と続いていくなら、解約せざるを得ないかもしれません。もしそうなら新しい構造に適応するよう、早めに調整を進めていったほうが正解です。

しかし落ち着いて考えると、今回のケースは、変化の度合いや期間との兼ね合いで、なんとか軟着陸できる可能性がないわけでもなかったのです。

当時は、末端の販売が大幅に減少したことに加えて、在庫調整がそれにかぶさってきました。市場における販売は、減少したとはいえ70％程度には維持されていました。ただし、もともと多めになり始めていた在庫は、減少した販売レベルに対して過剰になり、調整のための大減産を強いられたのです。

しかし、在庫調整であれば、それが終われば元に戻る。減ったとはいえ売れている70%分の生産ができれば、なんとか現有人員で定時近い仕事が確保できる。それまでは、臨時休業日等で得意先の協力も得ながら、3か月から半年間、なんとかしのいでゆこう。

こうしたことを考えて、デンソーはいわゆる雇い止めを一切しないと決めました。統計的に調べたわけではありませんが、おそらく日本の主要企業の中で、派遣切りや雇い止めをしなかったきわめて数少ない企業の一つだと思います。

この決断は、結果としてうまくいきました。半年後には、累計3年に達して仕事を離れる人もおり、残った期間従業員の人たちに、定時までの仕事が行きわたる状態になりました。リーマンショックの在庫調整が終わると、昔よりはレベルは低いものの安定して、最悪な状態は脱したのです。

「仕事がなくなったときはどうしようもない。みんなでじっとしているしかない」

大野さんの言葉です。

「慌ててどうこうしようとしたってそれは無理だ。唯一できることは、忙しいときに今いる人員だけでどれだけ死にものぐるいで頑張るかだ」

仕事がなくなってからできることは何もありません。とにかく、忙しいときにそのときそこにいる人だけで、死にものぐるいで頑張っておけば、仕事が減ったときも、余剰になる人が相対的に少なくてすむ。忙しいときの利益の蓄積もあるから、その蓄積を使って乗り越えてもいける。選択肢が広がるというのです。

「それしかない。奇手妙手はないんだ」と、ことあるごとに言っていました。

雇用を守るかどうかの判断は、お互いの信頼関係をあとあと大きく左右します。デンソーは慌てふためいてむりやり解雇するようなことをしなかったことが、その後、会社の風土に、いい影響をもたらしました。

労働組合にも、会社が「人を大事にする」と言っていることは建前だけではないと分かります。存続が危ういほどぎりぎりになった状態でも、そういう行動を経営陣はとるのだという信頼が、あらためて組合側にもしっかり生まれたのです。

信頼できる会社という印象は、社会の中にも広がりました。

たとえば沖縄から大勢の人たちが契約社員で働きに来ています。沖縄の人たちの中では「デンソーは素晴らしい会社だ。リーマンショックのときも一切雇い止めみたいなことはしなかった。当然のことながらそのまま寮に住めるし、仕事は減ったけれども改善や教育は続いた。非正規の社員でも、そう扱ってくれた」と評価されて、沖縄の社会に広まって定着していったわけです。

うまくいったから、こうして述べていられるわけですが、実際に危機的な状況で、雇用を守ることは、やはりなかなか難しい。以下のような圧力もあるからです。

デンソーはたくさんの自動車会社へ部品を納めています。生産量のほぼ半分がトヨタ自動車、あとの半分ぐらいは世界中の自動車メーカーがお客様です。

ある得意先が雇い止めをして人をどんどん整理しているときに、デンソーが人を抱え込んだままだったとしたら、当然、その得意先は「デンソーは何をしているんだ。そんなことをする余裕があるなら、値段をもっと下げてくれ」と言ってきます。

こうしたことも乗り越えて、社内も説得しながら、「基本と原則」を貫いていくことは簡単なことではありません。

平時に理路整然と語ることは簡単です。しかし、いざというとき、本当に危機的な状況になったとき、どっしりと落ち着いて、原則通りに振る舞えるかというと非常に難しい。

ひとえに平常時に「治に居て乱を忘れず」の心を持って振る舞っていられるかどうかに

かかっています。もちろん、原則を支える思想がしっかりしていなくてはならないことは、あらためて言うまでもありません。

さらにドラッカーが指摘する、

『給与を払い続けても、現実に仕事を与えなくては失業と同じ不安を与える。必要なのは収入の保証だけではない。積極的かつ体系的に仕事を与える仕組み、すなわち働く者を社会の生産的な一員にする仕組みである』（P.77〜78）

これをどう実現するか、という課題があります。

つまりどうすれば働いている一人一人が、自分が社会に有用な存在であると感じられるようになるか、ということです。これにはやはり、自分のしている仕事が、世のため人のために役に立っている、一生懸命に仕事をすることで新しい価値をつくり出していると自覚できることが、いちばん大事なベースになります。

このことも簡単ではありません。

働いている人の動き、働きの中から、ムダをそぎ落としてやることが非常に大事であると先に述べました。ムダをたくさん含んだままの仕事をさせておくと、社会に有用な仕事をしているとは、なかなか自覚ができません。自覚ができるかできないかは別にしても、結果として社会に有用な存在ではなくなってしまうわけです。

しかもマネジメントでとくに大事なことは、実際に働いている人たちは、仕事そのものを自分たちだけでは決められず、基本的には与えられた枠組みの中で、仕事をしている点です。日々の弛まざる改善など、実際に働いている人たちの主体性に委ねる部分はもちろんあります。しかしその前段の大枠は、マネジメント（つまり上司が）が決めているのです。

ということは、マネジメントは働いている人に100％ムダのない仕事をきちんと与えなければいけない。そうしないと、働いている人がいかに社会にとって有用な存在でありたいと思っても、願いはかないません。マネジメント側、上司は、自らの最大の仕事として、ムダのない状況や環境を用意することが義務なのです。

働いている人の中には「楽して給料がもらえるならそのほうがいい」「自分が世間様に役に立っているなどと自覚できなくてもいい」と考える人もいるでしょう。しかし、それを放置するのは、やはりマネジメントの役割を果たしていることになりません。

人間は生きていくうえで、世間様からいろいろお世話になっています。お世話になった分だけは、きちんと世間様にお返しをする。そのお返しができるような状況、環境の中に、働く人を置いてあげることこそ、マネジメントの最大の責務になるのです。

大野さんは、この意味からもムダの排除を非常に強く要求されました。

「こんなムダなことをこの人にさせているのは、この人に対してたいへんな罪を犯しているんだ。マネジメントとして、上司として、あるいは改善に携わるものとして、絶対にムダを放置してはいけない」

この大野さんの教えと、ドラッカーの指摘する『すなわち働く者を社会の生産的な一員にする仕組みである』とは、同じことを言っていると思います。

人間の知恵はいくらでも出てくる

ここでドラッカーが指摘していることの中心は、次の2点でしょう。

『人のマネジメントとは、人の強みを発揮させることである。人は弱い。悲しいほどに弱い。問題を起こす。手続きや雑事を必要とする。人とは、費用であり、脅威である。しかし人は、これらのことのゆえに雇われるのではない。人が雇われるのは、強みのゆえであ

り能力のゆえである。組織の目的は、人の強みを生産に結びつけ、人の弱みを中和することにある』（P.80）

『「人こそ最大の資産である」という。「組織の違いは人の働きだけである」ともいう。事実、人以外の資源はすべて同じように使われる』（P.81）

さらにドラッカーは**『人を資産として記帳することはやさしくない。……売れないものは資産ではない。……しかしそれでも、この提案には見るべきものがある』**（P.81）という言い方で、「人こそ最大の資産である」と結論づけています。

学問としての経営学の世界では今も、「人はコストなのか、資産なのか」という議論があります。資産としてとらえると、その価値をどう評価してどう表現するか、が問われます。要するに、人という資産を反映させた企業価値を、どう表現すれば株式市場が評価できるのか、ということでしょうか。

ただ、人という資産を株価に反映することのよしあしは、私にはあまりピンときません。しかし「人こそ最大の資産である」という位置づけは、「トヨタ生産方式」の根底に流れる思想とまったく重なる話です。

38～39ページでも触れましたが、たとえば製造業の場合、鉄、銅、アルミなどの材料や、電気、ガス、水道などの入手コストは、それほど変わらない。どのメーカーも基本的に同じような条件です。ところが、モノ造りの結果である商品の価値、品質、あるいはコストといったものは、まさに千差万別です。

その差を生み出すのは何かと言えば、人にほかなりません。

「より品質の高い、より原価の低い、より有用性の高い品物をつくり出すのは、まさにこれは人間の知恵だ」

「正しい方向で要求をしていけば、いくらでも知恵が出てくる。人間の能力というのは本当にすごい」

大野さんが繰り返し、繰り返し言っていたのは、まさに人こそ最大の財産、資産であるという意味にぴたりと重なるのです。

第3章 社会からの要請に応える

公的機関はやっかいだ

『企業のマネジメントだけがマネジメントではない。政府機関、軍、学校、研究所、病院、労働組合、法律事務所、会計事務所、諸々の団体など、いずれも組織である。そして、いずれもマネジメントを必要とする』（P.42）

ドラッカーは、今日の社会が企業社会というよりも多元社会であり、その主体である公的機関こそが成長部門であると位置づけたうえで、こう述べています。しかし、本書の冒頭で触れたように現在の日本では、政治の世界や政府の活動からマネジメントが根本的に欠落しています。

一方で、サービス産業、病院、団体などが生産方式であるトヨタ方式を学んで成果を上げている事例はたくさんあります。トヨタ生産方式のコンサルタントとして活躍している人がたくさんいて、さまざまな組織から依頼を受けて指導しているのです。

政治の世界をはじめとする公的機関に、マネジメントの概念は本当に縁遠いものなのでしょうか。ドラッカーは辛辣です。

『公的機関の世界には競争がない』（P.44）

『だが公的機関の問題の根本は、コスト意識の欠如にあるのではない。成果をあげられないことにある。……なすべきことをしていないところにある』（P.44）

ただし、民間人が公や官の仕事をすれば問題が解決するわけではないこともあらかじめ指摘しています。

『公的機関のマネジメントが、不適格、無能、不真面目、怠惰であると信ずべき理由はない。企業の人間が公的機関のマネジメントに任命されたとき、官僚よりもうまくやれると信ずべき理由はない。われわれは、彼らがただちに官僚になることを知っている』（P.45）

民間企業で成果を上げていた人が、公や官の世界に入って同じ成果を上げられるかどうかが難しいことは容易に想像できます。

ドラッカーの次の言葉は、是非引用しておきたいと思います。

『公的機関は予算によって運営される。……予算に依存することは、まちがったもの、古くなったもの、陳腐化したものの廃棄を難しくする。その結果、公的機関は、非生産的な仕事に関わりを持つ者を大勢抱えることになる』（P.45〜47）

見えます。
モノ造り企業においては、現場に行って現地現物をきちんと見れば、成果が非常によく

しかし一般に仕事の成果を測るのは、なかなか難しいことです。絶対的な基準を当てはめることが難しいし、また過去のある時点と比較して、現在が相対的によくなっているかどうか測ることも、周辺の状況が変わってしまうので、簡単なことではありません。したがって、

『成果の尺度を定める。……それらの尺度を用いて、自らの成果についてフィードバックを行う。成果による自己管理を確立しなければならない』（P.49）

とのドラッカーの言葉は公的機関だけに当てはまる話ではなくて、すべての組織についても適用されるべき、より普遍的な概念だと思います。とくに製造現場以外の仕事において、この『成果による自己管理を確立しなければならない』ことを強く言っていく必要があると思います。

さらにドラッカーは、

『目標に照らして成果を監査する。目的に合致しなくなった目標や、実現不可能になった目標を明らかにしなければならない』（P.49）

と、成果の尺度とは、あらかじめ設定しておいた目標であると明示しています。

雇用の確保が最大の役割

今やどの国の国民も、政府に対しては幻滅し不信を抱いているとドラッカーは断じています。当時は、日本とスウェーデンにはまだ政府に対する敬意と信頼が残っているけれども（今はどうでしょうか？）、そういった国ですら政府に対する期待は少ないと述べていて、一方企業はマネジメントの能力を持っているのだから、社会的な役割を果たすことを国民は望んでいるというのです。

ドラッカーはこう語ります。

『要求の高まりは、企業に対する敵意から出てきたものではない。過大な期待を生んだものは企業の実績である。社会的責任についての要求は、多分に成功の代償である』（P.85）

『企業は経済的な機関であり、……社会的責任には、企業の経済的機能の遂行を損ない、……権限のない領域において、企業のマネジメントに権力を行使させてしまうというさらに大きな危険がある』（P.91）

『しかし、社会的責任は回避できないことも明らかである。……現代社会にはマネジメント以外にリーダー的な階層が存在していないからである』（P.91）

社会的責任の対象はさまざまありますが、もっとも大きなものは、やはり雇用にかかわることがらでしょう。

先述のように、リーマンショックのときに、デンソーでは契約社員の解約も雇い止めもせず、従来通りの雇用を続けました。

私がそう決心した理由のひとつは、在庫調整が終われば、働いている人の仕事量がなんとか確保できると判断したことですが、また別のより大きな理由として、雇用形態が多様化してきた最近の流れに、水をさすことになってはいけないとの考えもありました。

つまり派遣社員や契約社員といったさまざまな雇用形態があることを、私は正しい方向だと考えています。さまざまな選択肢があることは、働く人にとっても雇う側にとっても、大変よいことです。しかし新しい社会的仕組みが、法的にも慣習的にもどっしりと安定感のあるものに仕上がって、定着するには時間がかかります。

こうした雇用形態は、その数年前、小泉純一郎総理の時代にほぼ現在の形に拡大されたわけですが、リーマンショックのような極端なことが起こるとは想定されていません。

セーフティーネットの整備も遅れていました（その後、少しずつ進んではいますが、もちろんまだまだ不十分です）。

したがって、リーマンショックが引き金となって、いわゆる派遣切りとか雇い止めが蔓延して「え、この制度はこんなふうに運用されてしまうのか」と、国民が慄然とするような事態が起こったのです。

法の範囲内であれば企業は人をどう扱ってもいい、ということにはなりません。多様な雇用形態を認めた法体系の背後にある考え方と、それは合致した行動なのかをつねに顧みる必要があります。マネジメントは法に適合するだけでよしとせず、目指す姿に向かって最大限の努力をしなくてはいけません。そう考えて、私は従来通りの雇用を続けました。

多様な雇用形態が社会に定着していくことが、正しい方向だと思うのですが、それに逆行するような、製造業への派遣の禁止を盛り込んだ労働者派遣法の改正も、一時期取りざたされました。もっともこれは、社民党が連立離脱したこともあって、時計の針を逆に戻すような動きは頓挫しています。

公的な責務を肩代わりしようなどと、大それたことをしようと言っているわけではありません。しかし、社会的な役割を国だけに求めるのは、現実問題として難しい。ドラッカーが『マネジメント』を書いた1970年代よりも、企業の担うべき役割がより大きくなっているのは明らかでしょう。

問題の存在は事業上のチャンス

ドラッカーは、企業のマネジメントと社会の問題とのかかわりについて、こう語っています。

『社会の問題は組織にとって重大な関心事たらざるをえない。なぜなら、健全な企業、健全な大学、健全な病院は、不健全な社会では機能しえないからである。……社会の健康は、マネジメントにとって必要である』（P.94）

『社会的影響に対する責任は、マネジメントの責任である。それは、社会に対する責任ではなく、自らの組織に対する責任である』（P.97）

しかしこのことは、次項の「自分の城は自分で守れ」と合わせて完結するので、先に譲ります。

したがって、この項でとくに私が着目するのは、ドラッカーの語る以下のくだりです。

『影響を事業上の機会にすることが理想である』（P.97）

社会による影響を、事業上のチャンスにせざるを得なかったのが自動車産業でした。分かりやすい例が、排ガス規制への対応です。いち早く対応した企業は、差別化ができて相対的に競争力が強化されました。

1970年に、アメリカで「マスキー法」と呼ばれる排ガス規制法が制定されて、規制が非常に厳しくなりました。5年後には自動車の排ガス中の一酸化炭素、炭化水素を10分の1以下にするなどの内容で、当時の自動車業界としてはとても実現は不可能と考えたくらいの厳しい規制です。

本気で技術開発に取り組んだのは日本のメーカーだけだったと言っていいでしょう。ホンダがCVCCエンジンを造り、トヨタも触媒方式で対応しました。ところがアメリカ本国では厳しすぎるといって改正が重なり、実質的に骨抜きにされたうえで、規制の本格的な採用はかなり遅れました。

一方、日本ではマスキー法の影響を受けて、さらに厳しい規制が制定されます。排ガスをよりきれいにして、大気汚染への影響を小さくしていくことは、自動車メーカーの重大な社会的責任です。これをきっかけに日本の自動車メーカーは、世界市場での存在感を大きく増していくのです。社会による厳しい影響を、結果として事業上の機会に成しえたと言えます。

また、ドラッカーは**『不可能ならば、最適のトレードオフをもたらす規制案をつくり、公共の場における議論を促進し、最善の規制を実現するよう働きかける』**（P.97）とも述べていますが、アメリカの自動車メーカーが選んだのはこちらのように見えます。

しかし、実際には「不可能ならば」の前提の部分が違っていました。彼らには不可能と思えたことに、日本メーカーは果敢に挑戦し、実現してしまったのです。

自分の城は自分で守れ

企業が社会的な責任を果たす必要があるのは当然ですが、そこには原則があります。ドラッカーはこう述べています。

『組織がそれぞれに特有の使命を果たすことは、社会が関心を持ち、必要としていることである。個々の組織が、その特有の機能を遂行する能力を損なったり減少したりしては、社会の損失である。いかなる組織といえども、本来の機能の遂行という最大の責任を果た

さないならば、他のいかなる責任も果たせない』（P.100）

『最大の無責任とは、能力を超えた課題に取り組み、あるいは社会的責任の名のもとに他から権限を奪うことによって、自らに特有の機能を遂行するための能力を損なうことである』（P.105）

それはあくまでも自らの組織に与えられた使命、役割を果たしていくというベースの上に成り立つべきで、それを超えて社会的責任にかかわっていくことは間違いである、あってはいけないと言うのです。まったくそのとおりだと思います。

トヨタの例を挙げれば、豊田自動織機の社長で、昭和25年にトヨタ自動車工業社長を兼任された石田退三さんという方がいます。この方は、トヨタ自動車が労働争議もあってたいへんに厳しい状況に追い込まれたとき、紛争を収束させて再建を果たし、量産体制の礎を築いた方です。

この石田さんには、いろいろな語録・名言が残っています。その中でも私がいちばん印象に残っているのが「自分の城は自分で守れ」という言葉です。

当たり前と言えば当たり前ですが、石田さん流の言い方をすればこうなります。

「お江戸の経営者は何かというと業界団体やその他の公職にかまけて、自分の企業を成長させることに、必ずしも全勢力を注いでない。それでいいのか。財界活動などは、よほど余裕があるならやっていけないとは言わない。しかしわれわれは、自分の城を自分で守ることに一生懸命だし、それだけでも大変だから、余計なことはしない」

大野さんの考え方の原点には、やはりこの「自分の城は自分で守れ」という言葉が強く働いていると思います。もちろん、その後、経団連の会長会社になったり、経団連と日経連が統合した、日本経団連で、奥田碩さんが初代会長を務めたりと、時代に合わせた変化はしています。でもトヨタという組織の根底には、このことが非常に強くあると思います。

グローバルとローカルのせめぎ合い

ドラッカーはグローバル化について非常に重要なことを述べています。

『グローバル企業は、三〇〇年前に一緒になった政治主権と国家経済が離婚した結果生まれたものである。少なくとも両者が別居した結果生まれたものである。もはやアメリカのような最大最強の国においてさえ、国家経済を定義することはできなくなっている。しかるに、政治主権のほうはいまだに完全に国家的である』（P.109）

グローバルな活動をしている企業であるにもかかわらず、本社を置くなど、主として立地している国の政治によって、企業活動への掣肘《せいちゅう》の度合いが、大きく異なるという状況が起きています。

典型的なのは、昨今のＦＴＡ（自由貿易協定）やＥＰＡ（経済連携協定）、その変形であるＴＰＰ（環太平洋戦略的経済連携協定）などに対する議論です。たとえば韓国の場合、日本以上に第１次産業に従事する人を抱えつつも、韓国内に立地するグローバル企業の活動を妨げないどころか、日本と比較すると相対的に支援する方向で動いています。

それに対して日本は、第２次産業、とくに製造業を中心とした企業が、日本国内に立地していくことが、非常に難しくなる方向に進もうとしています。

雇用との関係で言うと、派遣社員や契約社員といった有期の契約形態の社員、一般的に非正規雇用と言われている人たちについては、これからまだまだ制度的に手厚いものに仕上げていかなくてはいけません。報酬のあり方の問題についても、同一の仕事であれば正社員との差を小さくしていく方向で、さらに考えていかなくてはならないと思っています。

しかし、正規雇用と言われている人たちの制度については、原点に立ち返って見直していく必要があります。現在の日本の制度は、かつて社会主義国が掲げていたような、平等思想に名を借りた、極端な既得権擁護政策を世界で唯一維持しているものと言っても過言ではありません。しばしば「社会主義をうまく実現したのは日本だけだ」と諷《ふう》されますが、そう思われるような状況があるのは事実です。

たとえば正社員を雇用調整の対象にするとか、給与レベルを引き下げるなどといったことは、今の日本ではたいへん難しい。もし企業がそれを行って、法の下に争われるようなことになると、まず確実に企業側が負けます。

また今、日本のグローバル企業がもっとも危機感を覚えているのは、労働時間の柔軟性や自由度などがきわめて低いことです。

これでよく起こるのが、サービス残業という問題です。もちろん、サービス残業自体があってはならないことですが、たとえば、研究開発に携わる技術者のような職種は、時間を区切って働くような職種ではありません。時間をどう使おうが、アウトプットで勝負をしているわけです。本来、時間の使い方に関して、より自由な形態を取れるようにしたうえで仕事をすべきでしょう。

ベースの思想としては、現在の裁量労働制のような考え方が必要だと思います。とはいえ今の裁量労働制だけでは、問題のごく一部だけしか解決できませんから、この方向でよりよい新たな制度を考えていかなくてはいけません。

結果として日本では、民間企業の研究開発に携わる技術者は、実質的に年間に2000時間程度しか勤務ができない。対して、韓国の技術者は年間3000時間ぐらいは働いているとよく言われます。

私は、必ずしも韓国のやり方がいいと思っているわけではありません。こうした層の自殺者が韓国では非常に多いという問題もあります。

しかし振り返ってみれば、かつて日本が大きな発展を遂げて、世界第2位の経済大国になったとき、背景にはそれだけのGDPを生み出すためのきわめて高い技術力があり、知的な集積が行われたわけです。当時、中心的に働いていたのは若いころの私たちなのですが、とにかく面白くて仕方がなかった。もう時間なんてことはまったく気にせずに、とにかくすさまじい集中力でもって積み上げていったわけです。

一人一人の人間がきわめて高い戦力を持ち、しかも彼らをうまく組織として動かすマネジメントがあったがゆえに、知的な集積もでき世界が驚くほどの経済成長を実現したのです。

ところが、バブルの崩壊以前から日本が少しずつおかしくなってきました。その萌芽は1980年代前半にあったのでしょう。1985年のプラザ合意に端を発するバブルの発生と崩壊、そして1990年代後半、アジア通貨危機と日本長期信用銀行、日本債券信用銀行、北海道拓殖銀行、山一證券などの倒産といった流れに入り込んでいってしまいました。

結果として、バブルの崩壊以降、ほとんど成長ということがありません。「失われた10年」どころか「失われた20年」を超えてしまいました。

戦争によって焦土と化し、荒廃していたにもかかわらず、GDPをかなり急速に世界第2位のところまで押し上げていった原点には、やはり人の働き方が占める比重が圧倒的に大きかった。本気で働くことで培ったものが、あちこちへ作用して世界史にまれな発展を遂げたのだと思っています。

冒頭で、自動車産業の六重苦について述べました。1極端な円高、2高い法人税、3自由貿易協定等への出遅れ、4厳しい雇用規制、5国際的に不公平な環境規制、6震災とそれに伴う電力不足の問題、を指していますが、グローバル企業の観点からすると、「厳しい雇用規制」とその根底にある悪平等を助長する既得権擁護思想が、将来の日本を危うくすると憂えるばかりです。

グローバル企業の活動を掣肘するのは、政府による法的な規制だけではありません。国ごとの慣習や価値観の違いも、大きく影響します。

たとえばグローバルに製品を供給している製造業の場合、いったんリコールのような問題が起きると、法律以前の慣習や価値観の違いから対応が裏目に出て、出口のないところへ追い込まれてしまうような難しさがあります。

紙面の関係で詳しくは割愛しますが、慣習や価値観の違いにまで踏み込んだ制度のハーモナイゼーションや、国と国との交渉を実質的に勝ち抜き、民間の利益を含めた国益を守る気概が必要です。

これもまたグローバル企業の実態と政治が乖離《かいり》している一例です。国家主権がきわめて限定された狭い範囲で存在し、その論理がグローバルな企業に適用されているのが現代なのです。

プロフェッショナルの倫理
——知りながら害をなすな

以下は『マネジメント』の中でも、非常によく引用される部分です。本書全体の中でも、大きなポイントになります。

『プロフェッショナルの責任は、すでに二五〇〇年前、ギリシャの名医ヒポクラテスの誓いのなかに、はっきり表現されている。「知りながら害をなすな」である。プロたるものは、医者、弁護士、マネジャーのいずれであろうと、顧客に対して、必ずよい結果をもたらすと約束することはできない。最善を尽くすことしかできない。しかし、知りながら害をなすことはしないとの約束はしなければならない。顧客となるものが、プロたるものは知りながら害をなすことはないと信じられなければならない。これを信じられなければ何も信じられない』(P.113)

この言葉こそ「鳩山さん、菅さんに聞かせたい」と思います。

ただ、彼らに言わせれば「別に知りながら害をなすことはしてない。最善を尽くしている」と弁明するのかもしれません。しかし結果が惨憺たるありさまですから、言い訳上手な政治家としてはプロかもしれませんが、それ以前に人間としてアマチュア、アマチュア未満でしょう。したがって本物のプロに要求される「知りながら害をなすな」には、もともと当てはまらないのかもしれません。

やや余談になりますが、トヨタグループの大先輩で、すでにずいぶん前に亡くなった井村栄三さんという方が、非常に辛辣ながらも面白い発言をしましたので紹介しておきます。

ある会社の部長クラスの、かなり優秀な人に向けての言葉でした。この部長は非常に弁の立つ人で正論を言うわけですが、人がなかなかついてこないし、結果にも結びつきません。その人をつかまえて、井村さんはこう言いました。

「お前が東京大学を出たというのは、おれは知っとる」

「お前の言っていることや、行動を見ていると東大を出たというのはよく分かる。けどな、お前、ほんとに小学校を卒業したのか」

「おれには信じられん。小学校をやり直してこい」

横で聞いていた私は、なかなか言い得て妙だなと思いました。

政治家であれ企業の経営者であれ、プロであることはもちろん必要ですが、それ以前に人間としてベーシックな部分がどうかが、やはり大切です。その部分がアマチュア未満では、単に能力がないということにとどまらず、社会人として致命的でしょう。

余談ながら、鳩山さん、菅さんにささげるエピソードです。

マネジメントの不在が明暗を分ける

『ヘンリー・フォードは、マネジメントを不要としたために失敗した』（P.119）
自分が経営のすべてにおいて実権を握り、権限を委譲することなどまったく考えなかったために、結果としてフォードはGMに抜かれてしまいました。同様に、マネジメントを軽視していた岩崎弥太郎を創立者に持つ三菱でしたが、こちらは大きく成長します。
『だが三菱にとって幸いだったことに、彼は一八八五年、五〇歳でこの世を去った。側近たちは、家憲を守り、岩崎家の当主にあらゆる権限を与えると誓っていた。だが彼の死後、ただちに組織改革に取り組み、日本でもっとも強力にして、もっとも専門的、かつもっとも自立的なマネジメント・チームをつくりあげた。岩崎家は最大の敬意をもって遇されたが、マネジメントからは外された。そのときから三菱の真の興隆と成長が始まった』（P.1

20〜121)

『マネジメントを欠くとき、組織は管理不能となり、計画は実行に移されなくなる。……たとえ製品が優れ、従業員が有能かつ献身的であっても、また、ボスがいかに偉大な力と魅力を持っていても、組織は、マネジメントという骨格を持つように変身しないかぎり、失敗を重ね、停滞し、坂を下りはじめる』(P.122)

ドラッカーはマネジメントの不在が明暗を分けると結論づけているわけです。歴史的にはフォードと三菱が格好の事例でしたが、現在の典型的な事例が菅政権でした。私の見るところ、明らかにマネジメントが欠落していました。

官僚不信のために、まともな使い方をしていないことが、民主党におけるマネジメント欠落の代表的な事例として挙げられます。前にも触れましたが、それがとくに顕著だったのは震災に対する対応でした。

「○○本部」「○○会議」などの震災関連組織を20近くも乱立させました。少しでもマネジメントを知る者にとって、これは論外です。当然、責任は分散し、調整は複雑化して対応のスピードは極端に低下します。実際、指揮系統や役割分担が混乱して、震災から2か月後には組織の見直しが行われています。

しかもブレーンとして内閣官房参与を外部から次々と招聘、ピークでは15名にも達し、ますます組織は混乱に陥りました。

地震、津波、さらには原発事故と、未曾有の事態が発生しているのだから、今ある組織をいじらずに最大限の力を発揮させるのが鉄則です。

有事には、ただちに対応しなくてはならない問題が目の前で次々に起こります。それに対応する主体である組織の側を動かしてしまうと、どうにも収拾がつきません。

組織とは何か、組織をどう運用していくかというマネジメントの根本が完全に欠落していました。

第4章 マネジメントする人

事務屋が現場を駈けずり回る

先に、ドラッカーはマネジメントという言葉を、大きく分けて2つの使い方をしていると書きました。ひとつはマネジメントという概念。もうひとつはそれを遂行していく、ある種の人格を持った存在としてのマネジメントで、マネジャーとも言い換えられる使い方です。

組織はさまざまな仕事を分担して行いますから、必然的にそれぞれの仕事には専門家が就くことになります。ドラッカーは、この専門家をうまくコントロールするのがマネジャーなのだと定義づけています。

『専門家にはマネジャーが必要である。自らの知識と能力を全体の成果に結びつけることこそ、専門家にとって最大の問題である。専門家にとってはコミュニケーションが問題である。自らのアウトプットが他の者のインプットにならないかぎり、成果はあがらない。……専門家は専門用語を使いがちである。……ところが、彼らは理解してもらってこそ初めて有効な存在となる。彼らは自らの顧客たる組織内の同僚が必要とするものを供給しな

ければならない。このことを専門家に認識させることがマネジャーの仕事である』(P.125)

ここで言う専門家とは、たとえば現場で働く人を含めた技術系の人、マネジャーとは大野さん率いるところの、私たちに置き換えられます。専門家に対するマネジャーの役割を、大野さんの判断や行動基準から述べてみましょう。

大野さんは、自分のスタッフを生産調査室という非常に小さな組織にしていました。本書で何度も名前を挙げている鈴村さん、張さん、そして私もここに属していました。多少の増減はありましたが、多い時期でも10名内外という人数でした。

生産調査室の構成員は製造現場の改善をするわけですから、技術に明るい人間で構成するほうが、客観的に見ても自然だと思うのですが、大野さんは事務屋を多用されました。私は慶応の経済学部の出身ですし、張さんは東大の法学部です。ほかのメンバーも事務屋が多数を占めていました。

あるとき私は大野さんに聞いてみました。

「私たちは事務屋ですから、モノ造りの技術も分からないし、現場へ行っても知らないことだらけです。お互いいろいろ苦労もするし、技術系の人が担当したほうがいいように思いますが、どうしてわれわれみたいな事務屋を使うんですか」

大野さんは、開口一番こう言いました。

「テレビの構造や理屈がよく分かってないと、お前はテレビが見られんか」

「いいえ、別に見られんことはありませんけど」

「そうだろう。テレビはスイッチを入れると、いい音ときれいな絵が出てくればいいんだ。お前たちが今やらなきゃならんのは、どういう結果が欲しいということをきちっと見つけ出して、それを要求することだ」

つまり、テレビならスイッチを入れたらいい音ときれいな絵が出てくるようにしろと言い続けること、そうすることで技術者は要求通りに仕立て上げる。だから事務屋でいいのだということです。またこうも言いました。

「うん、お前は事務屋だから何も知らなくて当たり前だ」

要するに、技術屋は知っていて当たり前だと思っているから、知らないことに直面したときに、恥ずかしくて素直に知らないと言えずに、結果として間違えてしまう。また、生産技術や製造技術についてなまじ知っていると、難しい要求ができなくなるというのです。知識が邪魔して、こんな要求には大変な技術だとか労力だとかが必要だと分かると、本当に必要なことでも要求しにくくなる。しかし、私たち事務屋なら「知らないから平気で結果が要求できる」と目されたのです。

ドラッカーの言うところの専門家とマネジャーの関係を、実に的確に分かりやすく表現していると、感心します。

部長が新入社員に時間をかける

もうひとつ大事なポイントが、マネジャーに対する仕事の与え方です。ドラッカーはインド総督府の事例を挙げて、こう述べています。

『イギリスが二〇〇年にわたってインドを支配した背景には、インド総督府の優れた行政能力があった。インド総督府の要員は、最盛期の一九世紀後半でさえ一〇〇〇人を超えなかった。しかも、ほとんどが二〇代の若者だった。特に頭がよいわけでもない若者の一人ひとりが、特別の訓練も経験もなしに、面積や人口においてヨーロッパの小国に匹敵する広大な地域を治めた。しかし二〇〇年にわたるトップマネジメントの失政、あるいはその不在を補っていたこの驚くべきミドルマネジメントの偉業を可能としたのは、きわめて簡

単なことだった。彼ら若者には、広くかつ挑戦に満ちた仕事が与えられていた』（P.131）

『マネジャーの仕事もまた、十分な大きさと重さのあるものにしなければならない』（P.131）

この点でも、大野さんは巧まざる手腕を発揮しました。自らの時間をたっぷり使って若手を指導し、さらに若手に場を与えるといったことを、熱心に実行した方でした。

先ほども述べたように、生産調査室は多くても10人くらいの小さな所帯です。それだけの人数でトヨタの全工場を改善するだけでなく、ときには関連会社も視察、改善していくのですから、一人の人間がかなり大きな権限と責任を負うことになります。

生産関係のトップである大野さん直属のスタッフですから、たしかに大きな権限はあるのですが、だからといって予算が潤沢だったり、手足のように動いてくれる人員がついてくれたりするわけではありません。「ムダを削って利益を上げる」という重い責任を持たされた状態で、一人一人が仕事をしていたのです。

私が生産調査室の室員だったのは、担当者の時代（要するにヒラということです）と係長の時代で、30歳前後でしたから本当に若手です。室員の中では私がいちばん若かったのです。大野さんは、まさしくドラッカーの言うように、十分な大きさと重さの仕事を与え、なおかつ若手を登用しました。その典型が私でした。

当時、専務の大野さんが現場に出るときには、普通なら役員とか部長クラスが同行するのでしょうが、しばしば私を連れて行きました。徹底的にムダを排除しようとする自分の姿、振る舞い方を見せて、教育しようという意図があったのです。今になって振り返ってみると、若手の教育にずいぶん気を使っていたのだなと分かります。

前著にも書きましたが、私がのちに別の職場へ移って、海外企画部の部長を務めていたとき、担当常務だった千輪博さん（故人、元専務）からこう言われました。

「部長のお前が、時間を使って指導や教育するのは次長や課長じゃないぞ。いちばん大事なのは、入社して間もない若い社員だ。そういう連中こそ、部長が直接指導して育ててやらなきゃいけない」

次長や課長はすでに教育を受けてきているわけで、組織での働き方も分かっています。一方、若い社員はまだ色のついていない白紙の状態ですから、間違ったことを教えられると、間違った色に染まってしまう。そうならないよう、若手こそきちんと正しい方向に指導していかなくてはいけません。

「次長や課長の指導はほどほどでいいぞ。部長は若手の教育に携わることがいちばん大事だ」

そう千輪さんに言われて「なるほどなぁ、大野さんと同じ発想だなぁ」と感じ入ったものでした。

丸を描いて「この中に立っておれ！」

とくに大野さんが、私たち若手を育てるときに特徴的だったのは、「まず困らせる」ことでした。とくに手段方法を指示することなく、現場に放り込んで「今から改善しろ」と命じられるわけです。

たとえば、今の設備と人員のまま生産量を5割上げよとか、今10人でやっているところを3人減らして7人でできるようにしろといった、到達地点だけ示され、どういう方法で、どういう順番でといったことはいっさい教えてもらえません。

そう言われても、最初のころはどこから手をつけていいか分かりません。ジタバタしながら自分なりに考えて動くのですが、しばしば間違った取り組みをしてしまいます。

大野さんはそのとき初めて「ここから手がけよ！」と手短に言う。ああ、そうか、と思って取り組み、一定の成果を上げて「よしよし」と思っていると、大野さんはそれを見に来て、「こんなことではダメだ」と次の段階まで示唆する。なるほどそうかと、いったん作り上げたものを、半ば壊してまた作り上げると、当然のことながら効果は大きく、成果に結びついていく。しかし、まだ足りない。これをひたすら繰り返していくのです。

要するに、「これ、どうしたらいいんだろう、困った、本当に困った」という状態に置くと、まず自分でいろいろと考える。それでも分からないから、教えて欲しいと痛切に思う。つまり飢えて吸収力が高まるわけです。

そのうえで、一段階ずつステップを踏ませると、その一つ一つのプロセスの中で若手は、失敗したりうまくいったりしたことが本当に腹に落ちて、身についていきます。

大野さん流の若手の育て方を整理すると、この2点が大きな特徴です。

鈴村さんは、少し違いました。ここにムダがあると指摘して、場合によっては最初の二、三手くらいまではヒントを与えてくれて「直せ」と指示します。もちろん、全体の見通しや方法論などをあらかじめ示すなんてことはありませんが、そんな鈴村さんに対して、大野さんはよくこう言って戒めていました。

「鈴村、お前は教育ママでいかん。すぐにこれがムダだとか、こうやって直せだとか教えてしまう。そんなことをしていると、教育ママに育てられたひ弱な子どもみたいなのができるぞ」

もっと困らせて、自分で解決策を見つけ出さないといけない状態に置いてやれというのです。

実際、大野さんは徹底していました。大野さんが現場を歩いていて、作業者の所作ややものの置き方などで改善すべき点を見つけると責任者を呼んで、床にチョークでパッと丸を描いて「この丸の中に立って、この現場を見ておれ」と言うだけです。何が問題か、どう直すべきか教えてもらえません。

まず、見つけ出す目を養えということです。現場の責任者は、丸の中に立って、ジーッと見るわけですが、見慣れた現場ですから、なかなかムダが見えません。でも量産工程ですから、2分に1回の作業でも1時間に30回見ることになります。1時間たっても2時間たっても分からなくても、3時間もすれば「あ、そうか。ここにムダがある」と分かるのです。大野さんはそこまで厳格に指導されました。

『マネジャーは育つべきものであって、生まれつきのものではない。したがって、明日のマネジャーの育成、確保、技能について体系的に取り組まなければならない。運や偶然に任せることは許されない』（P.135）

とドラッカーは述べていますが、マネジャーは体系的に「育てるべきもの」ですし、促成栽培はできません。

やはり本人が知識なりヒントなりを、本当に飢えたように求めることが必要ですから、どうやって継続的にその状態に置き続けるか。また一段階ずつ歩ませることで、勉強したもの、得たものをしっかりと身につけさせていく。この2点が体系的に人を育成するポイントでしょう。

床屋の看板——時々刻々にレベルを上げる

『哲学という言葉を安易に使いたくはない。できればまったく使いたくない。大げさである。しかし、自己管理による目標管理こそ、マネジメントの哲学たるべきものである』（P.141）

とドラッカーは語っていますが、トヨタ生産方式の「標準作業」とか「かんばん」には、自己管理の考え方がきわめて色濃く存在します。

少し繰り返しになりますが、「標準作業」はまず今やっていることをそのまま表に描いて、その表に従って作業を行います。当然のことながら、それを繰り返すうちによりよいやり方に気づく。そうなると表を描き直して、新しい表に従って作業するというステップを重ねていきます。

ラインの監督者が変更することもあるし、現場で実際に働いてる人たちが、改善改定することもある。現場にいる人たちの主体性がビルトインされた仕組みでした。

「かんばん」も同様です。要するに、「かんばん」が外れた分しか造ってはいけない。原則として外れた順番に造っていくわけですが、「かんばん」1枚ずつの単位で造れるほど、まだ現場が習熟していないときは、たとえば5枚を1回にまとめて造るケースもあります。あるいは、「かんばん」の様子を見ながら、ラインの監督者がその日の残業時間を決める。

要するに、計画部署から指示されて作業するのではなく、時々刻々の動きを見ながら、現場の監督者や作業している人たち自身が判断をして決めていきます。

「標準作業」にしても「かんばん」にしてもその仕事に携わっている人たちが自主性、主体性を持つのがトヨタ生産方式の考え方です。

ではこうした自己管理を、目標管理に向けてどう活用するのか。大野さんは、自分の思想を入れて非常に特徴的な仕組みをつくりました。

どこの会社でも、製造現場においては生産性を評価、管理する仕組みを持っていますが、大野さんは改善とその努力の度合いを、給与に反映させるようにしたのです。これを「歩合制度」と呼んでいますが、非常に少額なので、大野さん自身も、額の多寡がモチベーションの源泉になるとはまったく考えていなかったと思います。

ただ、少額でもいいから給与に結びつけておくことで、改善とその成果の還元とが、制度としてつながっているというかたちを大事にしたのでしょう。

設定された目標への到達が要求されるのは当然ですが、きわめて特徴的なことは、到達までのプロセスを評価の対象にしたことです。

具体的に説明しましょう。

今まで、ある部品を造るための工数が、時間の単位で表したときに30分かかったとします。これを基準時間と言いますが、いろいろな改善を重ねて29分でできるようになる。このように、ある期間にどれだけ基準時間を切り下げることができたかが目標であり、成績評価の尺度になります。これは、どこにでもある普通のやり方です。

大野さんがつくった制度が特異なのは、その中に、どのくらい小刻みにそこへたどり着いたか、そのプロセスを評価したことです。

基準時間を改定するにしても、一足飛びに「10秒短くなりました」とするよりも、「3秒短くなりました」「5秒短縮しました」「さらに2秒短くしました」と小刻みに改善を積み重ねていく、その改定回数も大野さんは評価の対象にしたのです。

これはたいへん面白い思想、発想だと思います。通常は到達幅で評価しますが、幅だけでなく改定回数でも評価したのです。

日々ムダ排除、日々改善を大野さんはきわめて強く要求しました。現場では改善のポイントはいろいろあることが分かっていたりするものです。その際、大変だからまとめてやろうとか、後からやろうとなりがちですが、その発想を許しません。分かったらすぐ行動に移せ、その分だけすぐに成果を出していけということです。

こういう形で目標管理をしたわけです。自己管理が目標管理に組み込まれてプロセスが評価の対象になることで、本当に人間の行動が変わってきます。

大野さんはよく「われわれの仕事のありようは、床屋の看板のようでなきゃいかん」と言っていました。

「床屋の看板っていうのは、実際にはその場で回っているだけだけど、スーッと上がっていくように見えるだろう。毎日毎日の人の動きは、同じことを繰り返しているみたいだけど、実際には、レベルがあの看板のように時々刻々と上がっていかなきゃいかん」

とにかく常住坐臥《じょうじゅうざが》、改善。改善、改善に努めていかなければいけない。それを具現化すると、プロセスも評価することにつながるのです。

真摯さ——ともに現場に身を置く

この項では「真摯」という言葉がキーワードになっています。

『マネジャーは、……人を管理する能力、議長役や面接の能力を学ぶことはできる。管理体制、昇進制度、報奨制度を通じて人材開発に有効な方策を講ずることもできる。だがそれだけでは十分ではない。根本的な資質が必要である。真摯さである』（P.129～130）

『うまくいっている組織には、必ず一人は、手をとって助けもせず、人づきあいもよくな

いボスがいる。この種のボスは、とっつきにくく気難しく、わがままなくせに、しばしば誰よりも多くの人を育てる。好かれている者よりも尊敬を集める。一流の仕事を要求し、自らにも要求する。基準を高く定め、それを守ることを期待する。何が正しいかだけを考え、誰が正しいかを考えない。真摯さよりも知的な能力を評価したりはしない』（P.130）

ドラッカーのこの文章に、鈴村さんほどぴたりと当てはまる人はいないと思います。

鈴村さんは、大野さんの下でトヨタ生産方式を築き上げた方です。大野さんの理念を実現させた功労者として非常に高く評価されている一方で、とっつきにくくて気難しい、毀《き》誉《よ》褒《ほう》貶《へん》の激しかった人でした。

前著『生きる哲学 トヨタ生産方式』の中で、私は鈴村さんを「悪口の天才」と書きましたが、口を開けばずいぶんと厳しい言葉が飛び出しました。それが大野さんを支えるうえでの、自分の役割だと考えて、意図的にそうしていた部分もあったのでしょう。さまざまな場面で、強い言葉で厳しい要求を突きつけられますから、言われたほうはずいぶん傷つくケースも出てきます。

後からフォローして気を配ってはいましたが、後での気配りに同じだけの時間をかけるのでは本末転倒ですから、やはり比率としては厳しい言葉が多かった。

しかし、仕事に対してはきわめて真摯な人でした。
たとえば、改善のために設備の配置を変えるような場合、ラインが動いている間はできませんから、昼勤務と夜勤務の間のわずかの時間で行うことになります。そんなとき鈴村さんは「夜勤のかかりの時間に見に来る」と言うのです。厳しいことを要求したときは、必ず自分で現場に足を運んで、チェックする。もう本当に、真夜中でも現場に足を運ぶ。改善に対する実力の高さ、真摯さは飛び抜けていましたから多くの人が育ちました。
トヨタ自動車会長の張さんをして「鈴村さんは私の師匠で、師匠と弟子の関係は一生ものだから」と言わしめていますし、私自身も鈴村さんに育てられた一人です。

ドラッカーはとくに次の部分を強調しています。

『ともに働く者、特に部下に対しては、真摯であるかどうかは二、三週間でわかる。無知や無能、態度の悪さや頼りなさには、寛大たりうる。だが、真摯さの欠如は許さない。……彼らはそのような者をマネジャーに選ぶことを許さない』（P.147）

『マネジャーとして失格とすべき真摯さの欠如を定義する……①強みよりも弱みに目を向ける者、……②何が正しいかよりも、誰が正しいかに関心を持つ者、……③真摯さよりも、

頭のよさを重視する者、……④部下に脅威を感じる者、……⑤自らの仕事に高い基準を設定しない者、……をマネジャーに任命してはならない』(P.147~148)

ドラッカーの『マネジメント』の、中心的テーマの一つが「真摯さ」でしょう。鈴村さんが叱った後、深夜に及んでも現場を必ず見に行ってフォローしたことに触れましたが、そこでも真摯さが重要なポイントでした。

マネジャーが真摯であることの証明は、部下に認められることによってのみ可能です。ドラッカーの言う『ともに働く者、特に部下』が、上司であるマネジャーに対して「あの人は、本当に真剣なんだ」「一生懸命なんだ」「そういう意味で誠実なんだ」と納得してくれなければいけません。

どうすればそれが可能か。製造の現場に限らず、おそらく設計でも販売でも、マネジャーがともに現場に身を置いて同じ環境を共有、体験することから始まるのでしょう。現地現物をともに見て事実を共有することで、初めてマネジャーの指し示す方向や、そのマネジメントのありようや人間性が理解されるのだと思います。

重要なのは、問題に対する判断や意見の表明は必ず現場を見ながら、事実を見ながら行うことです。たしかに、現場も見ないで想定だけで方向づけをしたり、解釈をそこへ下したりしていても、マネジャーとしての役割が務まるケースはあるでしょう。しかしそれでは真摯さを、ともに働く者や部下に分かってもらうのは難しい。

現場を共有して初めて、部下は「この上司は、このマネジャーは真剣でかつ誠実だ」と認め、「まあ、能力は別にしても」などと思いながらもついてくるのです。

「トヨタ生産方式」はとにかく徹底した現場主義で現地現物を大事にしますから、真摯さを伝える条件は整っています。もし、真摯さを認めてもらえない人間がマネジャーになった場合、成果を上げられない人間集団になってしまいます。そうした危険性も含めて、ここでドラッカーの述べていることはまったく正しいと思います。

大野さんや鈴村さんが、あれだけ厳しいことを要求しながら、それでもみんなが応えていった、ついていったのは、やはり「この人たちは現場を共有してくれる」「必ず見てくれる」という信頼感でしょう。勝手に考えて雲の上から指示が下りてくるわけではない。「われわれの世界を必ず共有したうえで、判断し行動してくれる」という信頼感は、ドラッカーの言う真摯さによって醸成されたことは間違いありません。

第5章 マネジメントの方法論

間違った問題への正しい答えは有害

『欧米では、意思決定の力点は、問題に対する答えに置く。……ところが日本では、意思決定で重要なことは問題を明らかにすることである』(P.150)

問題の所在を明らかにして、優先順位を明確にすることを非常に重要視するのが「トヨタ生産方式」の特色です。その目的のために、たいへんな手間をかけ、投資を惜しまないことを、先に「あんどん」を例に挙げて述べました。

「あんどん」にお金をかけても、早くものが造れるわけではありません。機械のスピードが上がるわけでもないし、機械の精度が上がるわけでもない。直接的には生産に寄与していないのですが、これは、ここでドラッカーが指摘している、問題を明らかにするための設備です。しかも、その優先順位まではっきりと分かる。

出発点を誤ってはならないと、ドラッカーはこう指摘しています。

『何についての意思決定かを明らかにするには、問題に対する見解からスタートしなければならない。……まちがった問題に対する正しい答えほど、実りがないだけでなく害を与

える者のはない』（P.152）

また、よく著書の中で「数学では美的情緒がもっとも大切」と言っている数学者の藤原正彦さんが、大ベストセラー『国家の品格』の中の、「論理」のみに堕することを否定する章で、こんなことを書いていました。

「論理には出発点が必要」ですが、この出発点はつねに論理的帰結ではなく仮説なのだそうです。そして、この仮説を選ぶのは論理ではなく、主にそれを選ぶ人の情緒なのだそうです。宗教的な情緒をも含めた広い意味の情緒です。

藤原さんはこのあとで、出発点が異なったがゆえに、どちらも論理は通っているにもかかわらず、結論が異なってしまった事例をあげて、こう述べています。すなわち、論理は重要であるけれども、出発点を選ぶということはそれ以上に決定的なのだと。

そして藤原さんは、最悪は「情緒力がなくて論理的なひと」、との見出しの項で、こう結論付けています。

「一番困るのは、情緒に欠けて、論理的思考能力はばっちり、というタイプの人です。ここに非常に頭の良い男がいるとします。東大の法学部を一番で出たとします。当然ながら、論理的思考は得意中の得意です。しかし、東大に入るまでに情緒力はあまり試されないから、こちらはあまり発達していないと仮定します。仮に彼が出発点を誤って選んだとする。もちろん後の論理は絶対に間違えない。すると、後の論理が正しければ正しいほど、結論は絶対的な誤りになります。あまり頭が良くない人なら、途中で論理が二転、三転して、最後には正しい結論に戻ったりもしますが、下手に頭が良いとそのまま行ってしまう。頭はよいのに出発点を選ぶ情緒力の育っていない人というのが、非常に怖いのです。現実には、こういう人が非常に多い。

このような情緒力とか、あるいは形というものを身体に刷り込んでいない人が駆使する論理は、ほとんど常に自己正当化に過ぎません。世の中に流布する論理のほとんどが、私には自己正当化に見えて仕方ありません。」

意思決定に際しての出発点もまったく同じです。ドラッカーの言う通り、実りがないだけでなく、時間的にも金銭的にも多大なロスを生じて害を与えます。改善によって営々と積み上げてきたものも、瞬時に吹き飛ばしかねません。

ドラッカーは意思決定にまつわる注意点を、いくつかの角度から示しています。思想・哲学というよりも「こうすればいい」という方法論です。

『ある案だけが正しく、その他の案はすべてまちがっていると考えてはならない。自分は正しく、他の人はまちがっていると考えてもならない』（P.153）

『なぜ他の者は意見が違うのかを明らかにすることからスタートしなければならない。……それは、何か自分と違う現実を見、自分と違う問題に関心を持っているからに違いないと考えなければならない』（P.153）

『効果的な意思決定とは、行動と成果に対するコミットである。決定を行った後でその決定を売り込む必要があるのでは、行動は起こされないし、成果も得られない。結果として意思決定はなかったと同じである』（P.154）

『意思決定の実行を効果的なものにするには、決定を実行するうえでなんらかの行動を起こすべき者、逆に言えば決定の実行を妨げることのできる者全員を、決定前の論議のなかに責任を持たせて参画させておかなければならない。これは民主主義ではない。セールスマンシップである』（P.155）

最後の『これは民主主義ではない。セールスマンシップである』というくだりは、フィロソフィーとかコンセプトではなく、まさにメソドロジーであることを明言しています。

これを読んでいると、民主党のTPPに関する議論が思い浮かびます。ここでドラッカーが述べている10行ばかりのことが、議論や行動のプロセスに織り込んであれば、まったく違う形になるはずなのに、と思いながら読み返しました。

賛成派、反対派が侃々諤々の議論はしていても、民主党内で「行動と成果についての国民に対するコミット」を行おうとしているとはとても思えない。したがって、いくら時間を費やしても議論が進展しないし、問題点や論点が明らかになっていくこともない。建設的な議論にまったくなりません。決定を実行するうえで、行動を起こすべき者、実行を妨げることのできる者の両方について、議論における責任を持たせているわけでもない。

少なくとも企業の中では、何らかの意思決定をするときは、必ずこうした手順はきちんと踏みます。プロセスとして踏まないと、正しい意思決定に結びついていきません。

２０１１年末に大騒ぎしていたのは、交渉に参加する、しないの議論ですから、国会の議決はまったく必要ない。政権党の中でまとまればよし、まとまらなければ両論併記でもいいので党としての一定の結論を出し、それを踏まえて、政府が意思決定をすれば国としての結論になる。ＴＰＰが条約化され、それを批准する段階で初めて国会案件になるのです。

言ってみればその程度の話であるにもかかわらず、あれだけの混乱をして結論にいたらずに、「交渉参加に向けて関係国との協議に入る」などと、誤魔化したような言い方をする。TPPにせよ消費税にせよ国会の議決を前提とするような案件になるともう何も進まないのだろうと、暗澹たる気持ちになります。

事実の前では謙虚に

『決定後の状況が、想定したとおりに進展することは少ない』（P.156）

「トヨタ生産方式」の原則について述べたとき、「予測は当たらない。計画は必要だけれども、物事が計画通り進むなどと考えてはならない」というコンセプトがあることを述べましたが、ドラッカーは同じことを言っています。これも非常に重要なポイントです。

決定後の状況が、想定した通りに進展するなどということは少ないどころか、ほとんどないと言っていい。必ず変化が起こってくる。それが常態です。なおかつどんなに優れた意思決定も、時間がたてば結局は陳腐化するのです。

したがってそのときの準備を、意思決定の段階でしておく必要があり、ドラッカーは次の3点を挙げています。

『第一に、意思決定の前提となった予測をはっきりさせなければならない。書面をもって明らかにしておかなければならない。第二に、決定の結果について体系的にフィードバックしなければならない。第三に、このフィードバックの仕組みを、決定を実行する前につくりあげておかなければならない』（P.156）

前提条件をこう考えたから、こういう意思決定をしたのだとはっきりしていれば、前提条件が変化してくれば、意思決定の方向や内容を変更していくのは当然です。これも「トヨタ生産方式」と非常に重なり合う部分です。

大野さんや鈴村さんは、きわめて明確な方向づけをして確固たる指示を出しますが、現場の事実の前ではたいへん謙虚な方でした。２人の行動を見ていて、私はいつも感心していました。

つまり現場に予想外の変化が起こっている、あるいは何らかの新しいことに気がついたというときは、自分の判断や意思決定の前提条件に変化をきたしている可能性が高い、ということですから、判断や意思決定を変えなければいけないのかもしれません。

変化の原因は何なのか、あるいはなぜ今まで見抜けなかったのかを、２人はものすごく考えるのです。判断なり意思決定なりを修正しなければならないのなら、ためらわず修正しなければならない。しかしそのためには、もう一度現場に立ち返って、その判断にたどり着いた自分自身の考え方をあらためて検証する必要がある。

そういった意味で大野さんも鈴村さんも、現場における事実を前にすると本当に謙虚になった。頭の中で考えた理屈や理想があって、現地現物がそれと違っていたら、目の前の事実を、現地現物を優先する。当たり前のようですが、なかなか難しいことです。

『もっとも優れた意思決定さえ結局は陳腐化する』（P.156）

ということを、本当に体得していたのだと思います。

経験の共有とコミュニケーション

『コミュニケーションを成立させるものは、受け手である。……聞く者がいなければ、コミュニケーションは成立しない』（P.158）

一般的にコミュニケーションとは「情報のキャッチボール」のようにイメージされています。送り手が情報というボールを投げて、受け手がキャッチする。その点ではたしかにキャッチボールに似ています。

その際、ボールを投げないと始まりませんから、送り手がコミュニケーションを決定しているように思われがちですが、ドラッカーが述べているようにコミュニケーションを成立させているのは受け手です。経営学というよりも、社会学、コミュニケーション論の基本的な理論です。

そのことを踏まえてドラッカーは、組織内でコミュニケーションを成立させる言葉の選び方について、以下のように語っています。

『コミュニケーションは受け手の言葉を使わなければ成立しない。受け手の経験に基づいた言葉を使わなければならない』（P.158）

『われわれは期待しているものだけを知覚する。……人の心は、期待していないものを知覚することに対して抵抗し、期待するものを知覚できないことに対しても抵抗する。……受け手が期待しているものを知ることなく、コミュニケーションを行うことはできない』（P.159）

これは何も、相手の期待していることだけを言いなさいと言っているわけではありません。受け手が期待しているものをきちんと知ることが、間違いのないコミュニケーションの条件だと述べているのです。

マネジメントにおけるコミュニケーションの要点として、ドラッカーは次のように指摘します。

『しかるにコミュニケーションは、必ずしも情報を必要としない。実際いかなる論理の裏づけもなしに経験を共有することこそ、完全なコミュニケーションをもたらす。コミュニケーションにとって重要なものは、知覚であって情報ではない』（P.161）

『コミュニケーションが成立するには、経験の共有が不可欠だということである』（P.164）

まったくそのとおりで、これがこの項のポイントだと思います。

先述のTPPの話でも、私たちにとって、なぜ議論があれほど分かりにくくなっているのかと言えば、議論している人たちが、受け手に伝わるように発信しようとは考えたこともないからでしょう。しかし、少なくとも彼らは国民の代表ですから、国民に代わって議論をして理解を深めているはずです。立場の差による意見の違いはあろうとも、受け手がその内容を理解できるように努めてもらわないと、まったく責務を果たしていないことになります。

受け手の言葉を使うことでコミュニケーションが成立することを知らない、あるいは発信する気持ちがないとしか思えないのです。

繰り返しになりますが、トヨタ生産方式は現場へ身を置くこと、現地現物を一緒に見て、とにかく現場を共有することをいちばん大事にします。もう徹底した現場主義で、同じものを同時に見ることを非常に重視します。しかも単に同じものを見て、観察して、ある結論に達するということにとどまらず、改善をするといった行動を起こして、それをともにする。つまり経験を共有するわけです。

トップマネジメントが現場に身を置き、コミュニケーションをとりたい相手にその姿をきちんと見せることで、時間を共有していることが伝わります。ともに見る。ともに行動をする。百聞よりも一見、百見よりも一行ということで、ドラッカーの記した「経験の共有」の度合いがどんどんと深まっていきます。

これを繰り返し積み重ねていくことで、コミュニケーションをしっかりと図っていく。トヨタ生産方式の基礎がここにあります。

本当の改善は算術でなく忍術で

『大ざっぱな数字のほうが、かえって本当の姿を伝える。一見根拠があるかのごとき細かな数字こそ不正確であることを知らなければならない』（P.169）

管理をする立場の人間は、どうしても測定可能な対象にだけ目を向けたくなります。それが測定できて定量化に成功すると、そこから得られる情報を基に、自分なりの尺度や価値基準によって、対象のレベルを上げていこうとする。

必ずと言っていいほど、管理者は測定できたデータにとらわれるものです。

このことをドラッカーは以下のように戒めています。

『管理手段は、測定可能な事象のみならず、測定不能な事象に対しても適用しなければならない。……測定できるものは、すでに発生した事実、過去のものである。未来についての事実はない』（P.167）

『そのうえ測定と定量化に成功するほど、それら定量化したものに注目してしまう。したがって、よく管理されていると見えれば見えるほど、それだけ管理していない危険がある』（P.167）

大野さん流の言葉では、よくこんなふうに言っていました。

「経理屋というのがいる。経理屋は管理のための手段方法として、算術を使って、計算して原価を下げようとする。だけどな、おれがお前たちに要求しているのは、改善によって本当の意味で原価を下げていく、ムダを省いていくことだ。お前たちに要求している手段方法は、算術じゃない。忍術だ」

財務や原価の管理をする経理の仕事は、製造業に限らずどの世界でも重要視されて管理の中心に置かれます。しかし大野さんの目には、数字をベースに、「ここが悪い」とか「もっとこうすればいい」という「経理屋」の提案は、鵜呑みにできないことが多いと映っていたのではないかと思います。

「経理屋」は、ある製品を造るためにどれだけの手間がかかったか、工数をなるべく正確に測定したい。そうすると、対象となる品物だけを専門に造ってくれれば計算がしやすくなります。ある品物はある専用の設備で、そこに3人が専門について、それだけで完結するかたちで造ってくれたら、たいへん原価の計算が簡単になるわけです。1個当たり何分何秒かかるかといった工数の計算がしやすい。投下した設備の償却費も、製品1個当たりいくらかかっているか、これもとても計算しやすくなります。

笑い話のような話ですが、「経理屋」はこうしたことが計算しやすいよう、現場を構成したくなるのです。

ところが、お客様に買っていただける数量が、その設備をフルに使って生産できる数量と一致することなどまずありません。あるいは製品の売れ行きが、3人が一日中仕事をしたときとぴったり同じ販売量になる、ということもないでしょう。

もしそのラインに少しでも手が空きそうなら、本当の意味で原価を下げようという立場の人間は、当然、ほかの品物がそのラインの設備でできるように工夫をして、設備の能力をフルに使えるように考えます。あるいは、3人いるけれども、2・5人分の仕事しかないのなら、0・5人分の仕事を持ってきて、手待ちでムダになっている時間を、付加価値をつけるように変えていきたくなるわけです。

本来の改善とは、後者であることは誰の目にも明白です。

ところが「経理屋」は「そんなことをすると原価計算が正確にできなくなる。正確な原価計算は経営の原点だから、勝手に仕事を割り込ませてもらっては困る」と苦情を言うわけです。笑い話のようですが、実は現場ではこうしたせめぎ合いがしばしば起こります。

真に原価を下げようと努力すればするほど、仕事は実に混然一体としたものになってきます。角ばったものを袋に入れても隙間だらけになりますが、崩してかき混ぜると密度が高まります。密度が高まる＝原価は下がる、なのですが混然一体となるので、中の一つ一つの要素は計算しにくくなる。

「経理屋」はそれでも何とか計算するわけですが、目で見てもよく分からないものを分解して計算しますから、その一つ一つが正しいかどうかは、もはや分かりません。

経理を担当している人も、たしかに原価を下げることを目的としているのですが、原価管理をしっかりしようとするあまり、結果としては少しも原価低減につながっていない、ということが起こるのです。

そのことを大野さんは「われわれは算術ではなく忍術でやらなきゃいかん」という表現で戒めたわけです。ドラッカーはまったく同じことを言っているなぁと、非常に面白く思いました。

『管理手段は効率的でなければならない。必要とする労力が少ないほど優れた管理である。管理手段が少ないほど管理は効果的である』（P.167）

大野さんが編み出した「かんばん」は、まさにこのくだりを実現した、単純明快な道具です。部品1箱ごとに1枚「かんばん」がついていて、後工程が必要な分だけを小刻みに引き取りに来て、持っていかれると「かんばん」が外れる。外れたものを、外れた順番に、外れた分だけまた補充して造って置いておく。これだけです。

もちろん大まかな必要数の計算はあります。今月、この品物をこのラインでどのくらい造ることが必要かという計画はありますが「何月何日、何をいくつどういう順番で造る」などは一切ありません。

きわめて単純化されていて、ごく大きく最終製品として売れる数が把握されていれば、あとは時々刻々、後工程が引き取っていったもの、すなわち売れた分だけ生産される。管理のために必要とする労力が非常に少ない、効率的な管理手段なのです。

ドラッカーは、

『管理手段は単純でなければならない。……複雑であっては機能しない。事態を混乱させるだけである。肝心の管理の対象ではなく、管理の方法のほうに関心が移る』（P.169〜170）

とも述べて、「経理屋」の例で述べた管理が目的化してしまう可能性をあらためて戒めていますが、「かんばん」はこの点でも卓抜した仕組みです。

管理の要諦は西部劇のカウボーイ

効率的な管理手段とトヨタ生産方式の関連でしきりに思い出されるのが、大野さんの「カウボーイの教え」です。

「管理の要諦というのは、西部劇のカウボーイ、あれが理想の姿だ」

西部の牧畜地帯から、ニューヨークやボストンの大消費地へ、牛を何千頭も連れて行く仕事をするカウボーイの話です。

「何千頭もの牛を10人に満たないカウボーイが、アメリカ大陸を何千キロも横断して牛を追っていくだろう。あのとき、もし一頭一頭の牛を全部追っかけ回していたら、そんな少ない人数ではとてもじゃないが運べない。先頭でリードもするけれども、あとは、牛の集団がドーッと移動していくときに、はぐれそうになっている牛を群れにヒョイヒョイと追い戻す。それだけをカウボーイはやっているんだ。一頭一頭を見ているわけじゃない」

つまり、先頭に従っている牛の集団が「正常な状態」で、その群れから外れそうになっているのが「異常」だと言うのです。

「カウボーイははぐれそうな牛を見つけやすい位置にいて、群れから外れそうなら戻す。異常を見つけたら正常に戻す。そういう仕事をしているんだ。まさにあれが管理の要諦だ。そういう管理ができる状況、状態をつくり出さなきゃいかん」

これはたいへん分かりやすくて、どうしてこんなたとえを思いつくのかと、今も感心している話です。

正常な状態も含めて管理しようとすると、膨大な労力と時間が必要です。だから異常だけを管理する。異常とは正常な状態から外れたものと定義して、それだけが管理の対象だと徹底的に要求されたのです。

そのためには、「正常」な状態とは何かを、つきつめて考えることがもっとも重要です。

では、具体的に異常とは、そして正常とはどういうことか。これは「トヨタ生産方式」の柱である、「標準作業」につながってきます。

先にも説明したように、標準作業とは、今、実際に行っている作業のやり方をそのまま図や表に書き表したもので、改善によって改定されていく。そして現実の作業は、いつもこの図や表の通りに行われているという位置づけです。

つねに最新の標準作業を繰り返している状態こそ「正常」の定義です。したがってこの正常な状態から外れたものが「異常」、いわば牛が群れからはぐれた状態です。管理の対象になるのはこの異常だけです。標準作業が繰り返されているならば、それは正常状態であり管理の対象にはなりません。

「異常だけを管理するんだ。そうすることによって管理の手間はどんどん減る。管理の効率が高まる。そのためには正常をしっかり定義して、そこから外れる異常を見つけなくてはいけない。それが大事なことだ」

だから大野さんは、正常とはどういう状態か関係者全員が瞬時に分かる状況をつくり出せるよう、現場では標準作業を徹底的に追求しました。

少し詳しく説明すると、標準作業には3つの要素があります。

まず何分何秒で1個造るかというタクト。2番目に手順。工程の中で、いつも同じ手順でできあがらなければいけません。3番目が手持ちです。たとえば機械が10台あれば、すべての機械がそれぞれの分担に合わせて加工しているので、機械の中には加工中のものが必ず10個ある。それ以外に加工後の測定に1個、洗浄の過程に1個などと、このラインの中には何個の品物があるかという手持ちの個数が決まっています。

大原則としてこの3つが標準作業票に表現されています。さらにこれを少しかみ砕いて、詳細を記した標準作業組み合わせ表、作業するときの品質基準などが書き込まれた作業要領書がセットになって、現場の標準作業が明示される。つまり現場の正常な状態というのがはっきりと示されているわけです。

正常とはどういう状態かをしっかりと定義して、関係者が共有することで、異常だけを管理する原則が成立します。

「かんばん」も同様で、外れた「かんばん」が増えすぎると仕事量がオーバーフローしかけているということですから、一定の枚数以上になると異常です。これも同じ発想です。残業や応援で、これを正常な枚数まで戻さなくてはいけません。

正常状態をきちんと定義して関係者に周知徹底せしめる。正常だけの状態に徹底的に追い込んだうえで、異常な状態になればそれをパッとつかまえて、正常に戻す。

「なぜなぜなんで」と5回聞け

もしも異常が起きたとき、「トヨタ生産方式」では再発防止のために原因を「なぜなぜなんで」と5回問うことになっています。よく情報の整理と伝達には5W1Hが大切とされますが、トヨタ生産方式では「5Wというのは、Whyを5回だ」と言うわけです。

これは「なぜこんな異常が起こったんだ」と聞いても、最初に返ってくる返答は現象を説明するだけで、本当の原因であることが少ないと考えるからです。

「あんどん」で説明した例を用いて、このことを表現してみます。

「なぜラインが止まったんだ」

「ええ、ちょっと作業が遅れまして」

でもそれはただの現象です。だからもう一度、

「なぜだ」と聞く。

「ボルトが1回でうまく締まらなかったものですから」

「なぜだ」

「普段だとビュッと、一発で締まるんですけど、何だか斜めになっちゃうんですよ」

「なぜだ」

「いや、鉄板が重なっているところが普段よりずれているみたいなんです」

こうやって「なぜだ」「なぜだ」と5回くらい聞いていくと、「そうか、溶接工程の基準

ピンがグラグラになっていたので、鉄板を2枚重ねて溶接するときに、わずかなズレが起きていたんだ」と、ようやく真の原因にたどり着く。

だから基準ピンのぐらつきを直さないといけない、と真因を取り除くことができるのです。もっともこのケースでは「なぜ、基準ピンがぐらつくようになったんだ」というところまで追及しなければいけません。

私たちはいつも大野さんから「なぜなぜなんでと5回聞け」と、言われていました。そうすることで、真因にたどり着いて、本当の意味での再発防止ができる。改善ができる。異常だけを管理するために、正常状態をしっかり定義して関係者全員が共有するところも改善ですし、異常を見つけて正常な状態に戻すことも改善です。さらに再発防止のための「なぜなぜなんで」まで一連のことが改善のパッケージになっているわけです。

ドラッカーの管理に対する概念は、実践事例で詳しく説明すると、こういうことだと思います。

リスクはなくならない、だから負う能力を高める

さまざま数学的な手法を、経営や経済の世界に適用しようと努力が払われてきました。事実、適用もされています。

卑近な例で言えば、1998年8月、ロング・ターム・キャピタル・マネジメント（LTCM）というアメリカのヘッジファンドが破綻して世界経済を揺るがすほどの大問題になりました。LTCMは、ノーベル経済学賞の学者2人を擁し、金融工学を駆使してファンドを運用していたわけですが、破綻してしまい、十数兆円がリスクにさらされたのです。

数学的な手法というシーズが、もっと利益の上がる金融商品が欲しいという世の中のニーズに結びついて金融工学がもてはやされたわけですが、こうした考え方は経営科学の世界でも強かったのです。ドラッカーは世に広がる経営科学への間違った期待、あるいは使われ方にきわめて批判的で、経営科学の誕生の経緯にその原因を見ています。

『あらゆる学問が対象の定義からスタートする。しかる後に、その対象の研究に必要なコ

ンセプトと方法論を生む。ところが経営科学は、……物質を研究するための数学的な手法のいくつかが、企業活動の世界にも適用できるかもしれないという発見に有頂天になったあげくにスタートした』（P.173）

『その結果、経営科学の仕事のほとんどが、企業とは何か、マネジメントとは何か、企業とそのマネジメントに必要なものは何かに関心を払わずに進められた。関心はもっぱら、この見事な手法を適用できるのはどこかだった』（P.173）

私もまったくそのとおりだと思います。いかに科学的で洗練されたものであったとしても、まず手法ありきで、これを企業活動に適用しようとする考え方は、まさに「トヨタ生産方式」の対極にあります。

現場があって現地現物があって、その事実の中でムダを省いていく。それには、いったいどうしたらいいだろうと考えるのがトヨタ生産方式です。どんなに緻密な計画を練り上げても、そのとおりには売れてくれません。造ることもできません。

前工程でトラブルが起こるなど、日常的に現場にはあらゆる予期せぬ変化、変動が発生しています。そうした変化に対して、適切にあまりコストをかけずに追随する。それには、どういうモノ造りがもっともふさわしいのかを、倦まず弛まず考え続ける――それがトヨタ生産方式ですから、美しい数学的手法を現実世界に適用しようという考え方とは、まったくの対極からスタートしているのです。

その根本にあるのは「予測は当たらない」「計画は変わる」のは常態であって、経済社会では想定外が当たり前なのだという考え方です。

『経営科学は、その文献においても、企業活動への適用においても、最終目標としてリスクをなくすことや最小にすることに力を入れている。企業活動からリスクをなくそうとしても無駄である。現在の資源を未来の期待に投入することには、必然的にリスクが伴う。まさに経済的な進歩とは、リスクを負う能力の増大であると定義できる』（P.175）

ドラッカーは、こう述べて経営科学によってリスクを最小化しようとすることが、間違った使われ方につながっていると指摘しています。リスクを小さくするために、高度な数学的な手法を使って予測の精度を高めて、正しい計画をつくるといった経営科学の使い方を問題視している。

これは重要な観点だと思います。トヨタ生産方式には、目先の数字上のリスクを最小化するために予測の精度を上げるとか、正しい計画をつくるといった発想はありません。

計画とは背骨のようなもので、必須だけれども1本の固い棒では用をなしません。背骨が固定して動かなかったら人間は生きていけないように、ある範囲で前後にも左右にも柔軟に動かなくてはいけない。要するに、「変化に対する柔軟性がリスクを負う能力を高めていく」のです。

柔軟性を製造の現場で具現化するために、リードタイムの徹底的な短縮が必須の課題になりました。これはトヨタ生産方式では非常に重要な考え方です。

典型的な例が、プレス加工によるモノ造りです。もともとプレス加工は、高速で大量生産するための生産技術です。削り出して造るより、素材を強い力で型に押したほうが、どんどん速く造れます。しかし設備費用は高くなる。段取り変えも大変だ。したがって、まとめて造ると安くなる。

ところが、リードタイムを極力短縮するために、プレス加工なのにまとめて造らない。少しずつ小刻みに造るという非常識に挑戦していったのがトヨタ生産方式なのです。

つまり「変化に迅速に対応ができる状態」を正常状態と位置づけて、まとめて造ればもっと安くなるのは事実ですが、小さな単位で小刻みに段取りを変えて造っても、それほど高くならないようなモノ造りの方法を開発してきたのです。

プレスで小刻みに造るのは大変です。そのたびに何トンもあるような型を取り出したり、入れ替えたり、精度を出すためにきわめて微妙な調整をしたりするわけです。別の部品を造るために、段取りを変えるだけで1日過ぎるようなことをしていたら、コストが高くなるのは当然です。

だから「まとめて造ると安くなる」という命題は、部分的に見ればたしかに正しい。まとめて造ることがあらゆる状況で否定されるかというと、決してそうではありません。

しかし全体として見たときに、あるいは変化が常態の経済社会で長い目で見たときに、もっともムダなく造り、柔軟に対応していくためには、できるだけ短いリードタイムで生産できるような仕組みを整えておくことが必須なのです。このことがリスクを負う能力の増大に直結するのです。

第6章　組織を考える

組織論に淫するな

ドラッカーは「職能別組織」と「分権組織」に触れるなど、組織論を述べています。職能別組織は中小企業に、分権組織は大企業に最適としつつ、ほかの組織構造の可能性にも言及しています。私は組織構造には職能別組織と分権組織の2つしかなくて、あとはすべてそのバリエーションだと思っていますが、このあたりのことは後の項でまとめて論じましょう。

この項で重要なテーマは以下の部分だと思います。

『構造は戦略に従う。組織構造は組織が目的を達成するための手段である。……しかし現実には、組織づくりの最悪のまちがいは、いわゆる理想モデルや万能モデルを生きた組織に機械的に当てはめるところから生じている』(P.181)

『唯一絶対の解答があるに違いないとの考えは忘れなければならない。組織のなかの人間が成果をあげ貢献できるようにする組織構造は、すべて正しい答えである。なぜなら、人のエネルギーを解き放ち、それを動員することが組織の目的であって、均整や調和が目的

ではないからである。成果こそ組織の目標であり、その良否の判定基準である』（P.183）

すなわち、組織には理想モデルとか万能モデルがあるに違いないと思い込んで、概念としてそうしたモデルをつくり上げて現実に適用しようとする愚を犯しがちであり、そこから間違いが生じると述べているわけです。

企業人にとって、組織論は論じることが非常に楽しいテーマです。とりわけ事務系の人間にとって、蠱惑《こわく》的と言っていいくらいに面白いテーマですから、しばしばそれに淫することが多いのです。

どういった組織がいいのか、その組織の中でどう人を動かしていくのがいいのかといったことを、学問のように考えたり論じたりするのは大きな愉悦です。そして、そこから概念として組織論ができあがると、それを現実の世界に適用してみたくなる。自戒が必要です。

『完璧な組織構造などありえない。せいぜいできることは、問題を起こさない組織をつくることである』（P.193）

「組織論に淫する」状態を、ドラッカーは「組織病」と呼んでいます。

『今日多くの組織、特に大企業が組織病という病いにかかっている』（P.196）

『組織中が組織構造を気にしている。常にどこかで組織改革を行っている。……組織病は自己暗示的に鬱病の形で発病する。組織改革を手軽に行ってはならない。これは、いわば手術である。たとえ小さなものであっても、手術には危険が伴う。安易な組織改革は退けなければならない。もともと完全無欠の組織はない。ある程度の摩擦、不調和、混乱は覚悟しておかなければならない』（P.196〜197）

この、もっとも分かりやすく大規模な例は、菅内閣の震災対応です。先にも述べましたが本部だの会議だのが、まさに乱造されました。

震災と原発事故に対する政府組織は、4月中旬までに「本部」と名のつくものだけで「緊急災害対策本部」「原子力対策本部」「被災者生活支援特別対策本部」「原子力発電所事故による経済被害対応本部」「福島原子力発電所事故対策統合本部」「電力需給緊急対策本部」の6つが新設されました。さらに復興を推進するための組織として「東日本大震災復興構想会議」があって、しかも、それぞれの組織の下に会議だの部会だのチームだのが置かれて20近くの組織が乱立したのです。

まさに組織論に淫して、組織病を発病した以外のなにものでもありません。

復興構想会議で菅首相は「単なる復興ではない、創造的復興を」と言っただけで具体的な検討項目は示していません。この会議だけで16人のメンバーがいて、その下の検討部会には19人。議論が拡散するのも当然で、結局1か月かかって決めたのは復興構想7原則だけという体たらくでした。

これも先述したことですが、未曾有の事態に際しては、対応する組織は変えず、そこに属する人間が従来の役割分担で最大限の力を発揮していくことが鉄則です。組織の改革、変革は、平時に行わなくてはいけません。

ドラッカーが述べているように、組織改革は手術ですから、体力のある状況で行うべきことです。大事件、大災害が起こって、基礎体力が衰えているときに、絶対にやってはいけないことです。

あちらを立てればこちらが立たない

平時に行うことは大前提として、組織改革に関してひとつ知っておかなくてはならないのは、どのような組織構造をつくっても、時間とともに必ずマイナス面が顕在化し、それが大きくなっていくことです。

具体的にはこんな問題です。たとえば一般的な経理部、人事部、営業部、技術部、製造部、サービス部などという職能別組織があります。こんなふうに職能単位に組織を構成してしっかりやっていくと、当然のことながらそれぞれの専門性が高まります。

経理も営業もそれぞれの職能に特化していくし、技術屋なら開発や製品設計などを専門にする技術部隊と、ものを造るための生産技術を蓄積していく部隊では、まったく違う専門性を身につけていく。往々にして自分の職能に特化しすぎて、それ以外に目を向けなくなることも起こりがちです。これを「専門バカ」と呼んだりしますが、経営とは、もっと総合的なものですから、専門バカしか育たないような組織構造では困ります。

たとえば自動車メーカーならさまざまな車種を造っています。その中である車種を取り上げて見ると、市場を通じてお客様につながるために、その車種についてもっともいいことは何かと、あらゆる職能が集中して考えてくれればいいのですが、組織が職能単位でできていると、個々の車種に対しての意識はどんどん薄れがちです。

それぞれの製品やお客様のニーズより、職能単位の組織の中では、自分の属する職能のレベルを相対的に上げること、投入リソースのバランスをとることのほうがよほど重要になってしまう。そんな状態で放置しておくと、非常に高いレベルの技術を持っていたとしても、その技術を適切なところへ投入することができなくなってしまいます。

そうすると職能別ではなくて、たとえば自動車のブランド別のような製品単位に組織の機能を集めていったらどうだろうという話も出てくるわけです。

職能別組織には弊害があるからといって、組織を変えればすべての問題が解決するかといえば、決してそうではありません。今度は製品単位の組織にして、たとえば生産技術を製品別に10に分けたとしましょう。つまり製品別の分権組織ですね。

これなら小回りもききますし、直接お客様につながる実感もありますから、専門バカにはなりにくそうです。しかし生産技術は、加工内容によって専門能力を高めていかなくてはいけない分野です。たとえばプレスのような金属塑性加工技術は、A製品に使われようがB製品であろうがプレスには変わりはない。

分野としての特性を考えると金属塑性加工の部隊を全社で一か所に集めておいて、もっとも必要とされるところへ集中投入したり、次代の技術開発を進めて高いレベルに到達するということのほうがいいわけです。だから高い技術が培われている状態で製品別に分ければ、しばらくは余韻が残っているから大丈夫ですが、次第に新しい技術を生み出せなくなってしまう。製品に特化した対応はできるでしょうが、技術的には停滞したり劣化していく可能性が高いのです。

必ず「あちらを立てればこちらが立たず」の、トレードオフの関係になります。前項でドラッカーが述べている通り、組織の理想モデルや万能モデル、唯一絶対の解答はありません。

どのような組織構造をつくっても、時間とともに必ずマイナス面が顕在化し、それが大きくなっていきます。したがって私の感覚では、3～5年に一度、目をつぶって振り子を逆に振らなければならないと思っています。

つまり、職能別組織と分権組織の2つが併存しているとして、3～5年は職能別をきわめて強くした運営形態をとっていく。そうするとトレードオフの関係にある問題が顕在化してきますから、今度は分権色をうんと強めた運営に振ってみる。問題は次第に解決されていくけれども、以前の職能別組織のときに実現していた価値が薄れていって、それが問題点として明らかになる。そうなったら、また職能別に振ってみる。

振り子のように両者の間を行き来させることが、もっとも現実に対処しやすい組織論ではないかと、私は強く思っています。

職能別組織の利点・欠点

組織構造によって得られること、失われることがあって、両者がトレードオフの関係であることにドラッカーも触れています。

『これら組織構造として満たすべき条件のなかには、ときとして互いに相容れないものがある。……しかし、いかなる組織といえども、成果をあげ永続することを欲するならば、これらの条件のすべてをかなりの程度満足させなければならない。……ということは、トレードオフとバランスが必要になるということである。たとえ単純な組織であっても、いくつかの組織構造を同時に適用することが必要となる』（P.203）

まったく指摘通りですが、最後の一文は、実際には難しい。ドラッカーはあっさりと述べていますが、「それはなかなか難しいんじゃないでしょうか。どうしたらいいんでしょう」と言いたくなります。

すべての要素を全部織り込んだ組織構造はありえません。私はやはり、先述したように時間軸の中で振っていくしかないように思います。それがたとえば職能別組織であったり、製品別分権組織や地域別分権組織であったりという考え方もあるでしょう。要するに別の基準によって成り立つ2つの組織を併存させて、その間を行き来させるのです。

その際にはもちろん、トレードオフの関係にある価値を明確にして、それを実現するために組織運用を変えるのだと、きちんとした意識を持っていなくてはなりません。そうでないと組織をもてあそんで混乱させる、まさに組織論に淫するだけの結果になりますから、これはもっとも戒めなくてはいけないことでしょう。

ドラッカーは「職能別組織」「チーム型組織」「連邦分権組織」「擬似分権組織」「システム型組織」という5つの組織構造を挙げて、それぞれについて特徴や問題点などを語っています。

先にも触れたように私は、大別すれば「職能別組織」と「分権組織」しかないと考えていますし、ドラッカーが指摘する問題点は、別の組織にも言えることが多いので、この両者を中心に述べていきたいと思います。

経理部、人事部、営業部、技術部などに分かれた職能別組織について、ドラッカーは、

『明快さにおいて優れている。組織のなかの者すべてに拠るべき家がある。誰もが自らに与えられた課題を理解する。安定性の点でも優れている』（P.205）

としています。

一方で以下のような問題点を挙げています。

『しかし明快さや安定性こそあれ、……硬直的であって適応性に欠ける』（P.205）

『職能別組織の各部門のマネジャーは、自らの職能がもっとも重要と考える。……自らの職能のために、……他の職能を犠牲にしようとする。これを是正する方法はない。……それは、優れた仕事をしようとするかぎり仕方のないことである』（P.206）

しかし、こうした指摘は、職能別組織に限らず、どんな組織にも当てはまります。組織とは必ず硬直的であって、その他のニーズに対する適応性には欠けるものです。各部門のマネジャーは、自らの分担がいちばん重要と考えて、ほかを犠牲にしようとします。ここで指摘されていることは、むしろ組織を考える者が心すべきもの、すべての組織論としての留意点であると理解すべきでしょう。

また、こんな記述もあります。

『職能別組織は、意思決定に関しても貧弱な組織構造である。本当の意思決定を行えるの

は、組織全体のトップ以外の者ではありえない。全体を見渡すことのできるのはトップだけである』（P.206）

『職能別組織の適用は、現業の仕事に限られる。……イノベーションの仕事については、さらに無力である。……イノベーションの仕事も各種の専門能力を必要とする。だが、その専門能力をいつ、どこで必要……とするかは誰も知らない。……イノベーションと職能別組織は相容れない』（P.207）

これらも実は、どんな組織についても言えることです。

例外的に分権組織で、たとえばパソコンと洗濯機と大型発電機のようにそれぞれのお客様がまったく違っている場合は、それぞれの部門のトップがかなり意思決定できるかもしれません。しかしひとつの会社である以上、資源は全社で有効に活用したいし、最適化したいと思うのが人間です。

たとえば、お金はそれぞれの独立した部門にいったんは分けたとしても、よく言われるように色はついていませんから、やはり適時適切に再配分したい。その最終的な意思決定は全体のトップに委ねられている。これは、分権組織であっても起こりうることです。

さらにイノベーションと相容れる組織とはいったい何かというと、これもなかなか難しい。硬直性や適応性への難点などと同様、この項でドラッカーは、組織に対する一般論を、職能別組織に当てはめて語っているように、私には読めます。

分権組織の利点・欠点

ドラッカーは、かなり徹底した連邦分権組織論者ですから、その特徴やメリットについて、かなりの紙幅を割いています。

『連邦分権組織によって、組織はいくつかの自立した部門に分割できる。それらの自立した部門は、それぞれの業績と組織全体への貢献に責任を持つ。それぞれが独自のマネジメントを持つ。連邦分権組織といえども、各事業部門の内部は、職能別組織によって組織される』（P.210）

『今日のところ、連邦分権組織に勝る組織構造はない。この組織はきわめて明快かつ経済的である。事業部門それぞれの人間が、自らや自らの属する事業部門の課題を容易に理解できる。高度に安定しながら、適応力も十分ある』（P.211）

『最大の利点は、明日を担うマネジャーの育成にある。連邦分権組織だけが、やがてトッ

プマネジメントの責任を担うべき者を育成し、テストできる。この一事だけでも、連邦分権組織は他のいかなる組織構造よりも優れている』（P.211）

たしかに連邦分権組織のよい点に着目すれば、こうしたことも言えるでしょう。とくに、明日を担うマネジャーの育成については、連邦分権組織にかなりのアドバンテージがあります。

とはいえ弱点がないかと言えば、先述したように職能別組織の項で挙げていたような弱点はどんな組織も持っています。私は連邦分権組織も当然、弱点があると考えています。

もっとも、ドラッカーは『成果、特に市場において成果をあげるうえで最適な事業部門をつくる』（P.210）とも述べています。分権化する対象が、先に例に挙げたパソコンと洗濯機と大型発電機のように市場別に、お客様別に完璧に独立していたら、これは成り立ち得る。しかし、そうするのなら分社化して別々の会社にすればいいようにも思います。

連邦分権組織を適用して、日本でもっとも成功した事例は、おそらく旧松下電器でしょう。戦前から事業部制を採用して、かなり独立性の高い分権組織でした。しかし結局は、松下電工をバイアウトして非上場化するなど、統合に向かって動いています。

ソニーもかつてはいち早くカンパニー制を敷くなど、分権化に力を注いでいましたが、これを廃止し、統合化して事業本部制になりました。
日本で連邦分権組織の成功例だった電気メーカーが、一斉にかじを逆方向に切っているのが今の状態です。これは経営資源が分散していては、全社で最適化することが難しく、それでは現代の経営環境に適応できないという判断だと思います。

強力な分権組織論者であるドラッカーは、連邦分権組織が難しければ、擬似的にでも分権しなさいと主張します。

『大組織の多くは、事業ごとに分割することが不可能である。……それらの組織こそ、擬似分権組織を採用すべき組織である。擬似分権組織は、事業でないものを事業であるかのように組織する。……複雑な大組織でありながら、製品やサービスが一種類である組織に適用される』（P.212）

今、私が籍を置いているデンソーも擬似分権組織です。というのも自動車の構成部品を造っているわけですから、製品やサービスが基本的にはひとまとまりのものです。
それを共通点のある製品、部品グループごとに20近い事業部に分けて、それを5つほどにくくった事業グループに集約した組織にしています。それだけでは完結しない部分、たとえば先行技術開発や労務担当あるいは広報などは、職能別に特化した組織を、別途またつくっています。各事業部の中にある組織と重なり合うところもありますが、結果として、職能別組織と擬似分権組織を併存させている組織形態をとっています。

ドラッカーは『**擬似分権組織は、多くの点で不満足な組織構造である。そもそも成果に焦点を合わせることが困難である**』（P.212）と述べていますが、当然です。つまるところ、自動車を構成する部品ですから事業ごと、すなわち市場ごとに分割することはできません。ということは市場での成績によって、うまくいっているかどうかを評価することができません。

『**成果は、市場によってではなく、組織内部の意思決定によって左右される。すなわち、帳簿価格や費用配賦の仕方によって、大きくも小さくもなる**』（P.212）

とありますが、要するにこれは定量化したものを管理の対象にしたくなることを示しています。本来、お客様に向かうべき関心が、どんどん内部管理へ向かう性質がある。

それでも擬似分権組織にする意味合いとはなんでしょうか。

『**擬似分権組織は最後の手段であるとの認識である。組織が小さく、職能別組織とチーム型組織の組み合わせで十分なときには、擬似分権組織を採用すべきではない。職能別組織**

を基本とすべきである。逆に組織が大きいときには、連邦分権組織の適用を原則とすべきである。……しかし、……市場の論理が技術や生産の論理と一致しないとき、擬似分権組織は、その制約、弱点、危険にもかかわらず、組織構造としてもっとも有効である』（P.213）

末尾の文章にある『市場の論理が技術や生産の論理と一致しないとき』とは、大事な概念です。

職能別組織はまさに技術や生産の論理が優先しています。したがって、そこでの意思決定が市場の論理と一致しないことも、もちろん起こり得ます。こうした問題点が強くなりすぎないための選択肢として、ドラッカーは擬似分権組織を提案しているのです。

組織の基本構造としては、やはり職能別組織と分権組織の2つしかないと私は考えています。分権組織のバリエーションには、市場別つまりお客様別で、客観的にひとつの事業として成立し独立性が出てくる製品別分権組織もあれば、日本、北米、ヨーロッパ、アジアをそれぞれひとつの市場として分ける地域別分権組織などがあります。また徹底度合いで分ければ、連邦か擬似かという分類もあるでしょう。しかし、職能別組織も含めて、それぞれに利点もあれば欠点も持っています。

しかもそれがトレードオフする価値観を内包している。だからデンソーのように、職能別のかたまりもあれば、分権組織もあるというように、併存させるケースも考えられます。

今日、大企業は、職能別組織、連邦（擬似）分権組織、グローバル化に伴う地域別組織のはざまを揺蕩《たゆた》っています。いずれにせよ、完璧な組織構造などありませんから、組織構造の重心をあるサイクルで移していく、振り子を振っていかねばならないのです。

結局組織をどうするか

繰り返しになりますが、企業人にとって組織論について語るのは非常に楽しいことです。ドラッカーもそれに迎合したのか、組織についてかなりの紙幅を費やしていますが、結論として述べているのは以下のことです。

『組織構造は目的達成のための手段である。それ自体目的ではない。構造の健全さは、組織の健康の前提である。それがそのまま組織の健康を意味するわけではない。組織の健康を判定する基準は、構造の美しさ、明快さ、完全さではなく、成果である』（P.216）

得られた成果の大きさによって、その組織がうまく機能していたかが分かるという意味です。どんな組織であれ重要なのは成果であると、当たり前のことを言っています。「トヨタ生産方式」の誕生をひとつの成果ととらえ、それを生み出した組織構造を考えてみましょう。

トヨタは昔から今にいたるまでかなり徹底した職能別組織です。地域別に国内、北米、ヨーロッパ、アジア等に分けてマネジメントすることも組み合わせていますが、基本的には職能別になっています。

ただ国内販売部門は製品グループ別になっていてトヨタ店系列、トヨペット店系列、カローラ店系列、ネッツ店系列、レクサス店系列と2ブランド5チャネルに分かれています。しかし、いずれにしても自動車であることは変わりない。だから、チャネルの特徴づけに苦労することもありますし、また分けたからといって、それぞれを完全に独立させて競い合わせるわけにもいきません。そのため全体を束ねた組織もあるわけです。

このように一部には分権組織も導入されていますが、基本的にトヨタは職能別組織によって成り立っている会社です。もちろんさまざまな問題がないわけではありません。

しかし、もしトヨタが職能別組織でなかったら、トヨタ生産方式は、おそらく生まれていないでしょう。

職能別組織であるがゆえに、製造に特化して、全社をひとつのまとまりとしてつかまえ、ベストなありようとは何かを考えることができたのだと思います。そして、変化が常態である市場やお客様の要求に、ベストなかたちで対応していくモノ造りとはなんだろうという命題を徹底的に追求していった。

つまり大野耐一さんという人が、製造部門の数万人もの大組織をひとつにまとめて、そこに哲学をもって命を吹き込んだこと、これがトヨタ生産方式誕生の決め手になっていると思います。

第7章 トップマネジメントに求められるもの

全体最適を実現する

ドラッカーは、ドイツ銀行の事例を基に、トップマネジメントについて触れています。いろいろと書いてありますが、核になるのは以下の指摘でしょう。

『組織には、トップマネジメントの課題というべきものが数多くある。だが、それらがトップマネジメントの課題であるのは、……事業全体を見ることができ、事業全体を考えて意思決定できる者のみが果たしうる課題だからである』（P.220）

組織運営で、意思決定をするときの最大のポイントは、全体最適の意思決定ができるかどうか、その中で優先順位を過たずに判断できているか、ということだと思います。

48〜54ページで優先順位の話として「あんどん」について述べました。「あんどん」という道具は問題の所在を明らかにするだけで、それ自体が付加価値をつけたりするものではありません。にもかかわらず、ずいぶん手間暇とお金をかけた道具立てをする。

私はそこに「トヨタ生産方式」の一つの本質があると思っています。

「あんどん」で表示された特定の番号、特定の工程にひんぱんにランプが点くと、そこがもっとも優先順位の高い、最大の問題を抱えていることを指し示します。これは、モノ造りの世界における工程管理のあり方といったテーマであると同時に、私は、経営全体に通ずるきわめて大切なことを示していると考えています。

たとえば職能別組織の場合、個々の職能にトップマネジメントを配したとしても、職能間で対立したり、それぞれの職能が掲げる優先順位が違ったりすることは絶えず起こります。余談ですが、このことのもっとも極端な事例が、「局あって省なし。省あって国なし」と言われる官僚の世界でしょう。

一般的に、生産という職能を担当している人は、生産性をぜひ高めたいと思っています。そんなときに「売れるから」という理由だけで、手間暇ばかりかかる、構造的に生産性の低いジャンルの製品をたくさん造らされることには本能的な抵抗感があります。

仮にA、B、C、D、Eという5つの製品があったとしましょう。販売側としてはBは販売促進費を使ってでもぜひ売っていきたい。将来、Bは自分たちの会社の主力商品となっていくはずだから、大きく育てたいと主張したとする。

一方、生産側からするとBという製品は非常に生産性が低い。手間暇ばかりかかる。もっと生産性の上がるCをむしろ販売促進費を使ってでも売ってくれと反論するようなことも出てくるわけです。販売側にすれば「そんなこと知ったことではない。潜在的にBが求められているのだから、そこへ打って出なきゃいけないんだ」と強硬に出る。

また販売側が、当面はBだけれども、将来に向けてDやEを大幅に改良して欲しいという要望を開発部隊に向けたとしましょう。

ところが、開発部隊には開発部隊の事情があるわけです。実はDやEを改良するための技術的な余力はない。その代わりAという商品の改良なら、それを専門分野とする有能な技術者集団がいて今、手が空いているから、ぜひAを市場で育ててくれ、DとかEと言わないで欲しいと言い始める。

こうした職能別のせめぎ合いは必ず出てきます。必ず、です。普通はこれを、美しい説明付きで解決したように見せかけますが、足して2で割っているケースがほとんどでしょう。

これを正しい選択をして解決できるのは、全体のトップだけです。まさしくドラッカーの指摘する通りに、『事業全体を見ることができ、事業全体を考えて意思決定できる者のみが果たしうる課題だから』なのです。

ドラッカーが事例として挙げたドイツ銀行は、少数の専門スタッフからなる役員室をつくって、トップマネジメントのメンバー全員にほかのメンバーの行った意思決定と活動を周知徹底させています。

つまりそうすることで、先の例で言えば販売を担当するトップマネジメント、あるいは生産担当、開発担当のトップマネジメントが、自分以外の職能はなぜ自分と違う判断をしたのかという背景を十分理解したうえで、方向性を考えさせる。

それが事業全体を見て、優先順位を考えて課題を解決する方法論だ、という意味合いでドラッカーは書いているわけです。

たしかに解決手段にはなると思いますが、なかなか難しい。「これを選択する」という意思決定、優先順位づけを、トップマネジメント中のトップマネジメントに、委ねざるを得なくなるケースはしばしばあるのです。

これは職能別組織に限らず、事業別の分権組織をとっていたとしても、同じ事態はかなりひんぱんに起こります。

前述のように、本当に独立的に考えるのなら、ひとつの会社の中で分権組織うんぬんと言わず分割して別会社にしてしまえばいいという話になります。それなのになぜ分社しないのでしょうか。これはやはり共通のリソースは全社でマネジメントをして、それを最適な部分へ振り向けていくことが、経営にとって正しい選択だからです。

共通のリソースとは何か。先に述べたように、きわめて分かりやすいのはお金です。各事業部に分配して任せていたとしても、いざとなれば取り上げて、より将来性のある事業部門へ投入することも当然必要です。

もうひとつのリソースが人です。いくら分権化していても、それぞれの事業の中でもっとも将来性のあるところへ、質・量ともに、なるべく厚く持っていきたい。場合によっては集中させる必要が出てきます。とりあえずは、事業部門ごとに固定的に人を配するにしても、状況の変化に応じて柔軟に変更していくことは当然です。

お金にせよ人にせよ、そういうニーズが出たとき、「事業部の責任者間で協議をして、しかるべくバランスをとり直しましょう」などという協議は基本的に成立しません。これは、トップマネジメントが全体最適に向けて決断をすることです。部分最適の総和が全体最適ではありません。構成を組み替えなければダメなのだという判断をしなければいけない。

ことほどさように組織、経営体にとって『事業全体を見ることができ、事業全体を考えて意思決定できる者のみが果たしうる課題』とは、つねに直面するものでありながら、容易には解決できない課題です。

生産日報と毎朝対峙する大野さん

大野さんは毎朝、出勤するとまず生産日報に目を通しました。前日の生産実績をライン別にチェックするのですが、これにかける時間が25分。続いて販売日報を車種別実績ごとににらむこと15分。どちらも細かい数字が並んでいます。

通常、会社の偉い人は、担当部署が整理・分析したものを基に判断や意思決定するものですが、大野さんは徹底して現地現物でした。現場という事実に接するのと同じように、生の数字による事実を自分の目で確かめて、次の方向を導き出していったのです。

大野さんが生産日報と販売日報を毎朝、時間をかけてにらみ続けたのは、短期と中期の課題に対応していくタイミングを見定めるためでした。

たとえば販売日報が、Aという車種がいちばんよく売れていて、それが続きそうだということを、示しているケース。このとき、Aを生産している組立ラインが、フル残業の長時間稼働で頑張っているにもかかわらず、ラインストップが多く希望の台数が造れないことを生産日報が示していると、大野さんは、私のようなスタッフを組立ラインに投入して、早期に増産し、需給バランスをとるように指示します。

もちろん、大野さんが乗り出す前に、大半の問題はそれぞれの責任者が先に手を打って解決しますが、大野さんはその様子も、両日報を通じて、いわば「眼光紙背に徹して」見ているのです。これが短期のケース。

また生産日報が、もともと大野さんが問題だと感じていたB工場が、相変わらず低生産性に甘んじていることを、示しているケース。このとき、大野さんはこのB工場で生産している車種の売れ行きを、毎日販売日報でチェックし続けます。そしてそれらの売れ行きが落ちてくる、あるいは少なくとも落ち着いてくると、これもすかさず、私のようなスタッフを派遣して、今度は抜本的な体質改善に取り組ませるのです。

というのは、抜本改革は長い時間を要しますし、そのプロセスには必ず大きな混乱が伴います。もし販売が好調なときに行うと、業績に悪影響を与えますし、いらざる混乱を販売等の他部門に拡散させることになりますから、タイミングが重要で、大野さんはそれを両日報で計っていたのです。これが中期の課題に対応するケースの事例です。

このように、そこでは優先順位と全体最適が重要です。

トヨタ生産方式は、実際の生産という場の中で、いかに全体最適を図るかが中心的に考えられています。大野さんは、全体最適を実現するために、全工程がずっと輪のようにつながっていく生産の連鎖をつくっていきました。

その中で、つねに問題が起こります。その問題が明らかになるような仕組みを、その流れの中に仕込んでいく。問題や異常を見つけたら、すぐに正常状態に戻すように管理監督者が活動できる、そういう構造をつくっていったわけです。

そしてその構造は、大野さん自身が、販売と生産の両日報をにらみながら、問題の所在を確認し、乗り出すタイミングを計れるレベルにまでつながっていきます。

しかも、大事なことは、個別の最適を追求すれば、全員が組織全体を見ているかのごとく、かなりの程度まで全体最適につながっていくという仕組みである点です。

倦まず弛まず個々のレベルを上げていくことも、その構造の中にビルトインされているのです。

優先順位をつけて目標間のバランスを図る

一人の人間によって見ることのできる組織体はいったいどのくらいの大きさかという話になったとき、1000人までだろうとよく言われます。1000人までなら、トップが全員のことを掌握して判断、意思決定ができると言われるのですが、それが本当かどうかはよく分かりません。

ただはっきりしているのは、ドラッカーが論じているようなより大きな組織体では、トップが一人で全体を掌握して運営することはまったく不可能です。当たり前のことですが、トップマネジメントには実にさまざまな仕事がありますから、複数の人間が分担して処理しているわけです。

そのことをドラッカーは以下のように述べています。

『トップマネジメントの役割は多元的である。……事業の目的を考えるという役割、……組織全体の規範を定める役割、……組織をつくりあげ、それを維持する役割、……渉外の役割、……数限りない儀礼的な役割、……重大な危機に際しては、自ら出動するという役

割……がある』（P.224〜225）

『トップマネジメントの役割が多様な能力と性格を要求しているという事実とが、トップマネジメントの役割のすべてを複数の人間に割り当てることを必須にする』（P.225）

実際には、組織論で述べたような問題が当然のごとくありますから、それらをまず解決しなくてはならないことは、論をまちません。

ドラッカーは、低レベルであり間違えやすい事例として次のように言います。

『最近よく見られるキャンペーン方式のマネジメントなどは、もっとも避けるべき悪習である。節約キャンペーンにしても、その成果は、週給のタイピストの首を切り、高給の役員が下手なタイプを打つだけに終わる。効果はない。まちがった方向へ導く』（P.139〜140）

リーマンショックのときもそうですが、業績が悪くなると組織は節約に走りがちです。「昼休みに電気は消せ」「短くなった鉛筆を2本合わせてテープで結んで使え」「しまい込んでいる文房具を全部出させて、あらためて必要最小限の分だけ配り直せ」といった類いの話が出がちです。経理担当の役員あたりから、たちまち出てきます。

もちろんトヨタでもその種の節約はありましたし、大野さんの現役時代にもありました。大野さんは否定もしませんでしたが、まったく関心も示しませんでした。

「会社の中にムダはたくさんあるけれども、現場のムダというのは、いったん出始めるととてつもない大きさだ」

だから、製造現場における本来の原価低減、ムダ排除に取り組まなくてはいけない。リーマンショックのような状況になれば、なお一層、それに向かって一生懸命努力する。

「もっとも大きなムダのところへ、みんなが集中することが大事だ。現場のムダというのは、とてつもないからな」

口癖のように、いつも言っていた言葉です。現場で毎日徹底的にムダを省いて、その結果を利益に結びつけていく仕事をしている観点からすると「もっと大事なことがある」と容易に気がつきます。製造現場における原価低減のような本来の業務の改善を、もっともっと加速させていくことに全神経を集中させるほうがずっと効果が大きいのです。

節約キャンペーンの対象となるような事柄は、たしかにムダには違いない。しかしその種のムダに目くじらを立てたところで、果たしてそれが精神運動を超えて企業経営上、どれほどの意味を持つかと問えばほんのささいなことです。ドラッカーが言うように、どこに精力を注いでいくかを間違えてはいけません。

雨模様の薄暗い日の昼休み、事務所の電気を全部消して、その薄暗い中でみんながシーンとしている様子を見ると、精神主義としても本当に役に立つのかどうか。私は、非常に疑問に思っています。

もちろん、こんなことにまでトップマネジメントがかかわらなくてはいけないのは、誠に悲しいことですが……。

コーポレート・ガバナンスと取締役会

『組織図のうえではトップマネジメントがチームとして存在していても、現実には存在しないことがある。そこで、チームを装った独裁の危険を防ぐための方策が必要となる』（P.226〜227）

1990年代から、「コーポレート・ガバナンス」（企業統治）という概念がよく議論されるようになりました。これは企業価値を大きくすることが求められるようになり、的確な意思決定が欠かせないという考え方が広まったことが背景にあります。また粉飾決算など、企業不祥事は大きく企業価値を損ねますから、それを防ぐ意味でも、トップマネジメントはどうコントロールされるべきかに関心が集まりました。

『トップマネジメントは委員会ではない。チームである。チームにはキャプテンがいる。キャプテンは、ボスではなくリーダーである。キャプテンの役割の重さは多様である』（P.228）

ドラッカーはトップマネジメントが留意すべき点をこう表現しています。

重要なポイントは「キャプテンは、ボスではなくリーダーである」というところで、誠に正鵠を射た指摘です。

とくにオーナー企業にとっては、心すべき事柄でしょう。ひどく悪い例ですが、大王製紙で創業家3代目にあたる社長が、複数の子会社から100億円を超える巨額の融資を受けて私的に流用し、そのほとんどをカジノに注ぎ込んだという事件が発覚しました。

一部上場の、業界のトップ企業ではまれなことですが、うんと規模の小さな非上場の企業なら起こりうる話だと思います。起こったとしても働く人たちがひどい目に遭うだけで、社会的な注目を集めず、ニュースにもならないかもしれません。

オーナー企業ではなくても、社内を掌握したボスが擬似的なオーナーとして君臨しているとかなり危険です。

オリンパスでは企業買収の資金や、買収に際して支払った報酬で1000億円とも言われる巨額損失を隠していたことが明らかになりました。大王製紙とかたちはまったく違いますが、やはりコーポレート・ガバナンスの問題です。

リーダーであるべきトップがボスになってしまうと、会社の意思決定からお金までもほしいままにする危険性がある。それを防ぐ仕組みが取締役会ですが、ドラッカーは『**どれも機能を果たしていない**』(P.230)、『**一つの虚構と化している**』(P.231)と辛辣です。

ここで述べていることの前提として、ドラッカーはコーポレート・ガバナンスの形態について大きく2つを想定しています。

ひとつは経営と事業執行が一体化している形態です。株主の権利を代表する取締役会のメンバーが社長や副社長、専務といった事業を執行する役員も兼ねているケース。日本の企業は大半がこちらですね。

もうひとつがアメリカの大会社に多い、経営と事業執行を分離している形態です。取締役会は基本的に社外取締役で構成され、せいぜいCEO(最高経営責任者)一人が執行役と取締役を兼務、事業を執行する執行役員は別の体系にいます。

ヨーロッパは中間的ですが、この2つの形態があって、日本では1990年代後半あたりから、経営と執行を分離すべきだという議論が出てきます。取締役と執行役員を、一部は重なりながらもとにかく分離する形態がたいへん流行しました。社外取締役もいますが少数で、社内取締役を中心に執行役員も何割かは取締役と重なるという取締役会が、今の主流ではないかと思います。

ともあれドラッカーは、経営と事業執行が一体化しているケースと分離しているケースの両方について『一つの虚構と化している』と書いているわけです。

『取締役会はもはや所有者を代表しない。……その結果、取締役会のメンバーの選出方法が正統性を失った。……彼らは多忙である。……批判的な態度はとらない』（P.231）

『取締役会は統治機関たりえなくなっている。統治とは常勤の職務である。非常勤ではざっと目を通すだけで精一杯である。徹底的な検討などできない』（P.231）

これはどちらも社外取締役が中心で、事業の執行者とは分離された形態のアメリカ的な取締役会のことを述べています。一方、以下はどちらの形態にも当てはまる内容で、取締役会に対する執行側の立場を看破しています。

『そもそもトップマネジメントは、意味ある取締役会を望まない。意味ある取締役会はトップマネジメントに成果と業績を要求する。成果と業績をあげないトップマネジメントを排除する。これこそ取締役会の役割である』（P.231）

トップマネジメント、すなわち執行側からすると、取締役会は有名無実でも不都合はない、取締役会がうるさいことを言うのは望ましくない、ということです。日本のほとんどの企業は、ほぼ社内取締役会になっていることを踏まえると、企業統治という意味では取締役会は機能を失っている。ドラッカーは『**トップマネジメントが完全に支配しているならば、取締役会はすでに消滅したといってよい**』（P.232）と言っていますが、実質的にはそういうことだと思います。

大王製紙の事件では、当然、取締役会の議決を得たうえで貸し付けが行われるはずですが、おそらく取締役会は実質的に消滅していて、承認も形骸化していた、あるいは無視されていたとしか考えられません。業界で冠たる大企業でも、こうした問題が起こってしまう。これは容易ならないことです。

『一世紀も前に考え出された取締役会は、あまりに長生きしてしまった。そのため有用性を失った。……取締役会の衰退は真空状態を生み出した。いずれにせよ、この真空は埋め

られなければならない』（P.233）

こうドラッカーが書いたのは40年ほど前のことです。その後、40年という年月を経ても、まったく埋められていないように私は感じています。

第8章 成長の限界を越えて

規模と複雑さをマネジメントする

ドラッカーは企業の「規模」と「複雑さ」について論じています。この両者は、同じもののごとの表裏のような面があり、規模が必要な産業であっても巨大になりすぎると組織の複雑さゆえにマネジメントが困難になってくるという問題があります。

具体的には以下のようなことです。たとえば製造業は、現代の技術のもとでは、研究開発と生産設備にかなり資金を投入しないと事業として成立しにくくなっています。

典型的なところでは、鉄鋼メーカーは高炉1基数百億円という単位で設備投資をしないと競争に勝てません。要するに「沈めなければいけない固定費」が、きわめて大きいがゆえに小規模な鉄鋼会社は成立しない。このことをドラッカーは次のように言っています。

『組織には、それ以下では存続できないという最小規模の限界が産業別、市場別にある。逆に、それを超えると、いかにマネジメントしようとも繁栄を続けられなくなるという最大規模の限度がある』（P.236）

『ある種の産業では、企業の存続に必要な最小規模がすでに相当大きい。現代の技術のも

とでは、小鉄鋼会社であるということは、小軍隊であるということと同じように不可能である。逆に、大規模では生きていけない産業がある。その一例が出版業である』（P.240）

さまざまな工夫の余地があるでしょうし、最小規模の限界と言ってもかなりの幅があると思います。また業種によって大きな違いがあることもたしかで、聞くところによると、日本の出版社は約4000社、その8割が50人に満たない規模で、500人以上の会社はごくわずかだそうです。本書を刊行している幻冬舎は連結で約100人だそうですから、出版社としては大きいほうということになります。

デンソーは連結で12万人、私が責任を負っていた分野だけで6、7万人はいましたから極端な違いですけれども、出版業がたしかに「大規模では生きていけない産業」であることはよく分かります。

「トヨタ生産方式」の大きなテーマのひとつが「まとめて造ると安くなるの否定」です。これは「固定費を変動費化していく」とも言い換えられます。すなわち、大きな固定費を沈めることなく小さな変動費の和に置き換えても、トータルのコストとしては、それほど高くならないようにする、ということです。

狭い意味でモノ造りということを考えると、技術の進歩と大きな固定費を沈めるということは同義でした。これは今でも変わりません。

溶鉱炉にしても可能な限り大型化することによって、製品の単位当たりの投資額を逆に小さくする。そういう歴史であったわけです。あるいは加工スピードを極限まで上げていく。それまで削り出すのに1分かかっていたところが1秒でシュッと削る。切削だと物理的にどうしても時間がかかるから、プレスで造るとか、鍛造とか焼結で加工するという技術を開発するのもその方向です。そのための機械設備に大きな投資をしても、1個当たりの投資額は小さくできます。

加工スピードを上げる、あるいは一度に処理できる量を大量にして、1個当たりを安くする、これが技術進歩の王道であったのですが、それに反旗を翻したのが「トヨタ生産方式」でした。

コストを下げるために大量に造ると、必然的に余分にできてしまいます。いずれは売れるかもしれませんが、それは分からない。

売れたときに売れたものを売れるだけ造るためにはどうしたらいいのだろう、と考えることで、着手して完成するまでの所要時間、つまりリードタイムを小さくしていくことが必要だ、という出発点にたどり着きました。

すべての工程をチェーンのようにザーッとつないでいこうとしたとき、途中の1コマがボカッと大きな輪だったら、それはチェーンになりません。同じような小さなサイズの輪がつながっているからチェーンになる。

となると大きな固定費を沈めるような設備のありようは否定せざるを得ません。そうした造り方はとれないわけです。小さな単位でものを造れる方法を考えると、当然、それに見合った原価の設備でなくてはいけませんから資本投入も小さくなります。

大規模化して、大きな固定費を沈めることで効率化を図るという時代の流れに対して、小さな輪をつないでチェーンにしていくことで、固定費にせず実質的に変動費にしていく。大きな単位で造る場合と比較すると、計算上は安くならないかもしれないけども、それほど高くならない、大きく変わらないようにしていくという考え方が、「トヨタ生産方式」の根底にあります。

ドラッカーが書いているように、組織には最小規模や最大規模の限度があることは事実だと思います。トヨタ生産方式は、この指摘を否定するものではなく、モノ造りにおける規模の意味を問い直し、結果としてその幅を広げてきたのだと思います。

また別の見方から言えば、トヨタ生産方式は、複雑さの問題ゆえに最大規模の限度があることへのチャレンジであり、解答であるとも言えるでしょう。

市場でのほんのわずかな動きが、極力短い時間で末端へとおりていく。なかなか難しいことですが、大規模な工場であっても、先頭のちょっとした動きができるだけ早いタイミングで末尾まで反応することを目指して、かなりの部分を実現したわけです。それをさらに敏感に、細かい流れに仕立て上げようと努力しているのです。

目で見る管理

業種による違いはあるものの「もはやマネジメントできなくなる」という複雑さ、つまり大きさの限界があるのだとドラッカーは述べています。

『トップマネジメントが事業とその現実の姿、そこに働く人、経営環境、顧客、技術を自らの目で見、知り、理解することができなくなり、報告、数字、データなど抽象的なものに依存するようになったとき、組織は複雑になりすぎ、マネジメントできなくなったと考

えてよい』（P.245〜246）

そのとおりだと思います。であるがゆえに、大野さんは「いかに現場を自分の目で見るか」を、極端なまでに要求されました。自らも、現場に身を置き、現地現物を自らの目で見る。改善というかたちで変えていく。自ら行動を起こすことで、複雑さを乗り越えていく、物事を単純化していくことを実践されたわけです。

その際、現場が複雑であれば状況を把握するのに時間ばかりかかって多くの現場を見ることができません。パッと出て行っても、一瞬にして全貌がつかめる現場に仕立て上げようという発想です。

造っているものが違えば、当然、設備の構成も人の動作も違う。しかしモノ造りの方式や現場管理の仕組み、道具立てを極力共通にしてあります。そうすることでどこの現場へ行っても、現況が一瞬でつかめる。一人の人間が現場を自分の目で見て歩ける。問題点も分かって改善すべき方向についても指示ができることになります。

これがトヨタ生産方式を構成する重要なコンセプトの一つである「目で見る管理」です。現場を現地現物を見れば、それだけで全体をマネジメントできる。報告書やデータを必要としない。

「目で見る管理」は、あくまで現場を肉眼で見ることで成立します。最近いろいろな書物に、「見える化」とか「視える化」という言葉が氾濫して、あたかもこれがトヨタ生産方式の「目で見る管理」であるかのごとくに解説されていますが、私はまったく異なっていると思っています。

いずれにしても、組織にとって規模と複雑さの問題はたしかについて回ります。しかし、ついて回るがゆえに、それをどうやったら乗り越えていけるか、乗り越えられないまでもマイナスを小さくできるだろうかという視点は、会社の経営にとってとても大切なことだと思います。

グローバル企業を掣肘する国

「グローバル経済」という言葉が、広く一般に浸透したのは、１９９０年代からだったでしょうか。

日本では生産拠点の海外移転が進み、「産業の空洞化」と騒がれました。２０００年代に入ってからは国境を越えた資本の流れが活発化し、情報のみならず人間も品物も、大量かつ素早く世界中を行き来するようになりました。

本社機能の一部は税負担が少ない国へ、生産機能は人件費の安い国へなど、企業の各機能はそれぞれの適地に集約されつつあります。

40年ほど前、ドラッカーはすでにこうした状況を予見していました。経済がグローバル化した時代の、国家の役割についても述べています。

『国境は、もはや決定要因ではない。それは、制約要因、阻害要因、複雑化要因でしかない。今日の決定要因は、没国家のグローバル市場である。……グローバル企業の出現は、今日自明とされている教義、すなわち国家が人間組織の自然単位であるとする教義と相容れないだけでない。それは、あらゆる組織が、究極的には国民国家の統治機関たる政府からその存在の法的基盤と合法性を得なければならないとする教義とも相容れない』（P.255）

『この緊張関係を解決するには、国際的な取り決めが必要である。……さらに、グローバル企業を非政治化することが必要である。……国際的な取り決めとしての行動規範によってこれらの問題を解決することが、グローバル企業を、経済と政治の調和を実現するための手段とするための唯一の道である』（P.257）

各国はここに書いてあることをよく理解し、対応するための施策を次々に打っています。もちろんグローバル化にすべてを委ねてしまうわけではありません。関税の撤廃、規制緩和など、自国の産業構造が変わりかねない問題もありますから、簡単ではないことはたしかです。

しかし、少なくとも自国をオリジンとする企業、あるいは大きな付加価値を自国に落としてくれる企業――たとえば税金をたくさん払ってくれるとか、相対的に自国の人間をたくさん雇用してくれる企業の、グローバルな活動をいかに支援するかという方向に、少なからぬ国が動いています。

ところが日本は、こうしたことがひどく苦手です。

個々の企業の活動レベルや努力の度合い、結果として到達した能力などはきわめて高いにもかかわらず、日本は、グローバルに活動する企業を掣肘してしまうという、きわめて珍しい行動様式を持った国であるとしか、私には見えません。

何度か述べてきた「六重苦」はその典型例です。くどいようですが繰り返します。1極端な円高、2高い法人税、3自由貿易協定等への出遅れ、4厳しい雇用規制、5国際的に不公平な環境規制、6震災とそれに伴う電力不足の問題、に自動車産業をはじめ、競争力があって輸出をしている日本の製造業全般が直面して、苦心惨憺しています。国の無策や誤りによって惹起されたり悪化したりしている部分が少なくありません。

たとえば法人税を中心とした企業に対する相対的に苛烈な税負担の問題。また、FTA（自由貿易協定）やEPA（経済連携協定）、その変形であるTPP（環太平洋戦略的経済連携協定）などへの圧倒的な対応の遅れ。

さらに繰り返しになりますが、正社員に対する労働規制、雇用保障の問題。私は労働組合に守られていない非正規で働く人こそ、法を整備して制度として守ることが必要だと思っています。しかしながら正社員には、もし共産主義社会であれば「人の雇用のあり方はこうなるであろう」と夢に描いたようなものが、今の日本ではかなり実現しています。このアンバランスは是正が必要でしょう。

そして冒頭で述べた、二酸化炭素排出量の25％削減という国際公約。

これらはすべて、国の取り組み次第で変えられる要件です。極端な円高によって、対ドル、対ユーロのみならず新興国の通貨に対してさえ異様に円が高くなっています。円高の問題が一国のみの政策で解消することはないでしょうが、少なくとも金融面で、日銀ができることをすべてやっているとは私にはとても思えません。金融の量的緩和にしても、二手も三手も後手を踏んでいます。

税の問題も、やっとわずかに5％だけ法人税を引き下げることになりましたが、あまりに少なく、あまりにも遅い。半分にしてもやっと国際的な平均値に到達するくらいです。日本の場合、国としての不作為や、動いたとしても遅すぎるがゆえに、グローバル企業の活動をひどく傷つけ、国全体の体力をどんどん弱めているのが実情です。

もちろんこれは今に始まった話ではありません。十数年前から起こっていたことですから、電機や電子産業がひどい状況になってしまいました。ソニーやパナソニックは韓国のサムスンに水をあけられ、エルピーダメモリは製造業として過去最大の負債約4500億円で倒産しています。

もちろん企業側の問題もあります。iPod以来、快進撃を続けるアップルのやってきたことは、かつてソニーがもっとも得意としていた分野です。高性能、かつ小型で洗練されたデザインの製品の開発、それらを生かすためのアプリケーションソフトの体系的な提供等で、今までになかったジャンルを切り開くことができなくなったのは、ソニー自体に理由があるのでしょう。

1980年代後半の日米半導体戦争のころまでは、市場への参入も早く技術的にも優れていた日本の電機・電子産業でしたが、ある時期からその優位性が失われてしまいました。リスクを取れなくなって、内部調整に時間がかかるようになってしまった日本企業に対して、果敢に決断をして集中的に投資をしたアップルやサムスンが一気にトップに躍り出たというのが現在の見え方でしょう。半導体にしても液晶にしても、少し前まで日本の独壇場だったものが、いつの間にか土俵際に追い込まれています。

企業努力をしたとしても、競争相手がもっと努力をしたり、迅速な決断をしたりしたために負けてしまうことは起こり得ます。しかし、そのことはほんとうに公平な競争条件の中で起きているのでしょうか。同じ土俵で戦えているのでしょうか。

今は、最大限の努力をして頑張っても、日本を拠点とするグローバル企業が立ち行くことすら難しいという状況です。重点となる産業が、少なくとも世界の中で平均的な競争条件になるよう、国として動かなくては日本全体が衰退するばかりです。

たとえば新日鐵をはじめとする鉄鋼産業であれば、韓国、中国、ブラジルといった国々と同等の競争条件を提供できるよう、国として考えるべきだと思います。あるいは電機であればアメリカ、韓国、台湾と、自動車であればドイツ、韓国といった国々と、「せめて同等の競争条件を保障すべく、国としてできることは、やるべきことは何だろうか」と考えているのかどうかが、私にはまったく見えてこないのです。

無策のままでは、こうした国を支えている輸出産業は確実に順番に衰退していきますから、本当に心配しています。

ドラッカーがこの項で書いているのは、国家とグローバル企業の両者が、基本的に相容れない存在であるという総論ですが、『マネジメント』が刊行されて40年を経た現在、グローバル企業を支えようとする国家と、無作為であることで結果として企業の行動を掣肘する国家というばらつきが出ています。それをどう乗り越えていくかは、喫緊の大きな課題です。

今、議論になっているTPPの枠組みにしても、国家間の交渉事ですから、交渉力がなければ、日本が不利な立場になることも現実に起こり得ます。政治家と官僚の交渉力に期待できないからといって、TPPなど自由貿易協定の問題には一切近づかないというのでは、日本という国の将来は真っ暗です。

ことの本質は、TPP自体の理非善悪ではなく、国としての交渉力を信頼できるか、あるいは、枠組みに織り込むべき事項が何かを、きちんと吸い上げる仕組みができているかという問題です。しかし、これが現在の政治に期待できるのかは、はなはだ疑問ですから本当に困ってしまいます。

イノベーションで限界を乗り越える

『成長は不連続である。成長のためには、ある段階で自らを変えなければならない』（P.259）

この言葉が、ここでのキーワードだと思います。基本的には「成長を是として、そのためのマネジメントはどうあるべきかをしっかり考えよう」という内容です。

『しかしそれでも、成長は望ましい目標とされ続ける。それどころか、必要不可欠な目標とされ続けるだろう。したがって、いかに成長をマネジメントするかを知っておかなければならない』（P.261）

『成長するには、変化すべきタイミングを知らなければならない』（P.262）

『それまでのマネジメントや組織構造では不適切なほど成長したことを教えてくれる兆候を知らなければならない。……成長が必要であるとの結論に達しながら、自らの行動を変えることを欲していないことを自覚するにいたったトップには、一つの道しかない。身を

引くことである』（P.262〜263）

このドラッカーの語っている内容は、「トヨタ生産方式」の中では、「変化が常態」であるという認識のもとで、「自己否定を伴う創造的破壊と変革」となって実践されています。

計画通りにものごとは決して進まない。だから、変化に対応するための仕組みを作る。それをメソドロジーとして具体化したのが「後工程はお客様」「後工程引き取り」の考え方であり、さらに仕事に携わる人すべてにそれを見える形にしたのが「かんばん」でした。「自己否定を伴う創造的破壊と変革」の端的な例が、徹底的にムダを排除して、改善していくことです。何度も繰り返しますが、大野さんが「おれも現場でムダを指摘できなくなったら、会社を辞めにゃいかん」と真剣に言っていたことは非常に強く印象に残っています。

『イノベーションなる言葉は、技術用語ではない。経済用語であり社会用語である』（P.266）

いまだにイノベーションというと技術的なことだと受け止められがちですが、そうではないのだとドラッカーは明言しています。

『イノベーションをイノベーションたらしめるものは、科学や技術そのものではない。経済や社会にもたらす変化である。……イノベーションが生み出すものは、単なる知識ではなく、新たな価値、富、行動である』（P.266）

これは非常にいい指摘だと思います。イノベーションとは「技術の進歩」といったレベルの話ではなく、企業にも社会にも、大きな富と変革をもたらす出来事だという基本的な考え方を述べて、そのうえで組織はイノベーションをどうとらえ、扱っていくべきなのかとドラッカーは論を進めていきます。

『イノベーションとは、科学や技術そのものではなく価値である。組織のなかではなく、組織の外にもたらす変化である。……したがって、イノベーションは常に市場に焦点を合わせなければならない』（P.266〜267）

このためのもっとも重要なポイントは以下の点でしょう。

『イノベーションを行う組織は、イノベーションの力学というものの存在に気づいている。それが確率分布に従うことを知っている。……したがって、まず初めに、確率分布に載る種類のイノベーションに焦点を合わせ、それを利用するための戦略を持たなければならない。その過程において、例外的で真に偉大な歴史的イノベーションに対する感覚を育て、

その種のイノベーションを早く認識し活用する体制をつくっておかなければならない』(P.267〜268)

非連続的に大きく世の中を変えていくようなイノベーションがたしかにあります。

よく挙げられるのは、フォードが開発したコンベヤーによる生産システムです。これは生産上の大イノベーションでした。「トヨタ生産方式」も、それに比肩しうる大きなイノベーションだと評価されています。

そうした『例外的で真に偉大な歴史的イノベーション』はあるわけですが、その前段にある小さなイノベーション、つまり『確率分布に載る種類のイノベーション』を大事にしなさいと述べています。

目の前にある問題を解決する、今とは別なやり方があれば、それを実行するのもひとつのイノベーションです。そんな「よりよい変化」を起こしていくものを確実につかまえる。それができる組織になっていく過程において、大きな歴史的イノベーションをパッとつかまえて育て上げる能力が育つのだと。この言葉をしっかり理解するべきだろうと私は思います。

写真を撮って大野さんに叱られた話を先に述べました。私が改善前と改善後を比較して成功実例にして残そうとしていたことを見抜かれたからでした。自分のつくったものを壊すのは難しい。まして、それがうまくいっているとなかなか壊せません。結果としてそこだけ陳腐化してしまう、ということへの戒めでした。

ドラッカーの言葉ではこうなります。

『既存事業の戦略では、……継続するものと仮定する。これに対しイノベーションの戦略は、既存のものはすべて陳腐化すると仮定する。……イノベーションの戦略の一歩は、古いもの、死につつあるもの、陳腐化したものを計画的かつ体系的に捨てることである』（P.268〜269）

『イノベーションの戦略において次に重要なことは、目標を高く設定することである。……一つの成功が九つの失敗の埋め合わせをしなければならない』（P.269）

日々の仕事は継続していくものです。製造業であれば、同じやり方で同じものを同じように造ります。当たり前のことですが、そうでなければ困ります。ところが、継続しているものは必ず陳腐化していく。だから、それを創造的に破壊しなければならない。

しかも大事なことは、自らがつくってきたものを、自己否定するかたちで破壊して、新たなものをつくり出していかなければなりません。「写真は破っておけ」とおっしゃった大野さんの言葉は、イノベーションの核心をついたものだったのです。

ドラッカーは、事業戦略について語っていますが、これをプロセスに置き直せば、重要なのは「変化をさせていく行為の継続」です。そのことによって、9つの小さな失敗、あるいはそこでかかった手間を、一つの大きな成功が埋め合わせていくことになるのです。

すなわち、目の前のムダを排除する、問題点を改善するといった行為の積み重ねによって、先述したように『例外的で真に偉大な歴史的イノベーション』をつかみとる感覚、あるいは技術・技能が培われます。改善の積み重ねが個々には小さな成果しか生み出さなかったとしても、『歴史的イノベーション』が、そのすべてを埋め合わせるのだと理解すべきと思います。

その意味でこれはまさに「トヨタ生産方式」の持っている本質と、まったく重なり合います。つねに改善、改革をして変化を求める。変えていかなければいけない。そういったことの連鎖の中に、あるいはその繰り返しによって錬磨された技術や技能の延長線上に、歴史的に偉大なイノベーションというものが存在するのです。

私がデンソーで副社長を務めていたころ、現場へ出て「これが問題だ」「こんなムダなことをしていちゃいかん、直せ」と指示しながら歩いていると、「副社長がコンマ5秒とか1秒の細かい話をしながら歩くのはいかがなものでしょうか」と、よく言われました。

本書の最初に書いた大野さんがしていたことと、周囲から評されたことと同じです。しかし実は、そうした細かいことを、ずっと繰り返し積み重ねていかないと、大きな変革に取り組めません。変革すべきことに気がつかなかったり、変革に取り組むことに怖気を震ったりしてしまう。一方、たとえコンマ5秒でも1秒でもいいから、とにかく直していく、変化させていく、改善していくことを毎日のように繰り返し、集団としてそれが習い性になってくると、大きな変革に取り組むときのためらいが薄れてくるのです。

このことにつながるのが、ドラッカーの以下の記述です。

『イノベーションを行うには、組織全体に継続学習の風土が不可欠である。イノベーションを行う組織では、継続学習の空気を生み出し、それを維持している。ゴールに達したと考えることは誰にも許されない。学習が継続すべきプロセスとなっている。変化への抵抗の底にあるものは無知である。未知への不安である。しかし、変化は機会と見なすべきものである。変化を機会として捉えたとき、初めて不安は消える』（P.271）

たしかに「トヨタ生産方式」では、つねに改善する、変化させていくことが組織全体に要求されています。その「継続学習の空気を生み出し、維持する風土」を培う仕組みが前述の「歩合制度」です。

普通、生産性というのは半年とか1年といった一定の期間内でどのくらい達成したかという、度合いで評価します。

しかし先述したように大野さんは、ここに改定回数を加えました。大野さんの評価基準では、同じ改善幅であっても、毎月毎月コツコツと改善してたどり着いたケースを、うんと高く評価します。きわめて特徴的なのはこの点です。

1回当たりの改善幅が小さいほどいいというわけではもちろんありません。そうではなく、とにかく目の前にムダが見つかったらすぐに直すこと、それをいかに継続的に毎日、実践していくかを徹底的に要求する仕組みです。

こうした仕組みがビルトインされることで、『継続学習の空気を生み出し、それを維持』する風土が培われてきたのです。

世間さまにきちんとお返しを

『マネジメント』のまえがきや序で、ドラッカーは現代社会の特徴とマネジメントとの関係を概説していましたが、結論を前にあらためて、そのことに触れています。

『われわれの社会は組織社会になった。現代社会の主な課題はすべて組織によって遂行されている。しかも、ほとんどの人が組織で働いている。同時に、われわれの社会は知識社会となった。ますます多くの人が、自らの知識を仕事に適用することによって生計を立てるようになった。長期の学校教育によって必要な能力を得るようになった。ますます多くの人がマネジャーとなり、成果に責任を負う専門家となった。……マネジメントは、この二つの発展の原因であり結果である。……しかもこの組織社会において、組織のマネジメントは社会のリーダー的階層を形成している』（P.273）

まさにそのとおりで、組織のよしあしが個人の生活を大きく左右するのです。

18世紀半ばまで、人間社会は地縁や血縁で結びついた伝統的な村落共同体＝ゲマインシャフトが中心でしたが、産業革命以降、企業に代表される利益共同体＝ゲゼルシャフトが主体になってきました。それゆえに企業という組織が個人に与える影響、果たす役割がきわめて大きくなっています。組織を運営していくマネジメント、それを行うマネジャーには、かなり高いレベルのことを幅広く要求されます。

『マネジメントの第一の役割は、組織本来の使命を果たすべくマネジメントすることである。第二の役割は、生産的な仕事を通じて人に成果をあげさせることである。第三の役割は、社会と個人に生活の質を提供することである』（P.274）

このドラッカーの言葉は、私が大野さんをはじめとする先輩方の薫陶を受け、「トヨタ生産方式」を実践していく責任の一端を担うようになったころから、ずっと考えてきたこと――以下のことと重なります。

企業で働く人は、起きている時間の半分を仕事のために費やします。また、地域社会や家族とも企業を通じてつながっています。「○○社の○○さん」として認識され、社会につながっているのです。働く場に対する帰属意識のほうが、市区町村への帰属意識よりもはるかに強いのです。企業や組織は自己実現の場でもあり、個人の価値観や人生観にも大きな影響を与えます。

したがってドラッカーが語っているように、マネジメントの立場は社会をリードしていく層になります。望ましい社会制度確立への貢献、あるいは望ましい社会が安定的になるよう、きちんとした考え方を持って寄与していく責任がある。それがしっかりできないと、マネジメントとしての立場は果たせないと思います。

ところがここに、ただし書きがあります。

『だが、ここに大きな誘惑がある。哲学者たらんとする誘惑である。……いわゆる社会意識が、自らの企業、病院、大学に本来の成果をあげさせるべくマネジメントすることの代わりになるとする考えは、愚かさか狡さか、あるいはその両方を示すにすぎない』（P.274）

とドラッカーも書いていますが、今、私の述べたことは、あくまでも本業が発展していて、本来の成果を上げていくことが大前提です。これを別々に取り扱うわけにはいきません。

たまに現役の経営者でありながら、社会的役割を果たすことに重きを置いている人もいます。自ら会社に害を与えない限り許容されているのだとは思いますが、やはり本業にしっかり取り組んで、「自分の城は自分で守り」成果を上げたうえで語るべきことだと思います。

こうしたことを踏まえて、ドラッカーは結論へと論を進めます。

『社会においてリーダー的な階層にあるということは、本来の機能を果たすだけではすまないということである。本来の成果をあげるだけでは不十分である。正統性が要求される。社会から正しいものとしてその存在を是認されなければならない』（P.275）

ここで言う「本来の機能」とは、先ほどの第一の役割「組織本来の使命を果たすべくマネジメントすること」です。

『そのような正統性の根拠は一つしかない。すなわち、人の強みを生産的なものにすることである。これが組織の目的である。したがって、マネジメントの権限の基盤となる正統性である。組織とは、個としての人間一人ひとりに対して、また社会を構成する一人ひとりの人間に対して、何らかの貢献を行わせ、自己実現させるための手段である。……組織の基礎となる原理は、「私的な悪徳は社会のためになる」ではない。「個人の強みは社会のためになる」である。これがマネジメントの正統性の根拠である。そして、マネジメントの権限の基盤となりうる理念的原理である』（P.275〜276）

このことを私は、大野さんや鈴村さんからしっかりたたき込まれました。

つまりマネジメントする人間は、職務として部下を管理・監督するわけですが、それは組織や会社のためでもあるけれども、自分が管理・監督している人たちのためにも、絶対に果たさなければいけない大きな社会的責任を含んだ行為なのです。

以下は前著で紹介した大野さんの言葉ですが、あらためてここに記したいと思います。

「人間が生きているということは、知らず知らずのうちにたくさんの人のお世話になっているということだ。それにちゃんとお返しをしなくてはいけない。そのことは仕事を通じて行う。1日8時間なり10時間なり、職場にいる時間をムダなく使って、しっかりと価値を生み出すことによって実現する。それもよほどしっかりやらなければ、お返ししきれるものではない。しかし、部下は自分がやる仕事のすべてを自分では決められない。その大半は上司が決めている。だから上司の責任は重大だ。世間さまにお世話になった分だけ、できればそれをちょっと上回るお返しを、部下ができるようにしてやらなければいかん。それには、部下の仕事の中にムダがあってはいけない。部下のやっていることからムダを取ること、ムダをそぎ落として価値を生み出す仕事だけに昇華すること、それが上司たる者の最大の責任であり義務だ。本人が、世間さまにお返しをしなければいけないことに、気づいているかどうかは関係ない。部下が厳しさに目をシロクロさせていても、ためらってはいけない。それは、管理・監督者としての、そして人間としての神聖な責務だ」

それがまさに、マネジメントの正当性だと思います。

マネジメントが最適に行われていれば、一人一人の振る舞い方が、チームを最適化するでしょうし、ひいては組織全体を最適化する。命令下達の固定化した階層ではなくて、流動体のように上から下へ、下から上へと相互作用が働きます。

儒教の四書五経のひとつ『大学』に「修身斉家治国平天下」という言葉があります。個人から家族へ、そして国へと、構成要素として下位にある小さな単位から出発して、社会を安んじていくべきだという意味です。

個人が生き生きとして、組織も上から下へ、下から上へと有機的で流動性を持つ。そうした社会が実現できれば素晴らしいと思います。

あとがき

〝はじめに〟で政治一般への問題意識について触れました。ここでは、経済についての問題意識を、金融政策の面から考えてみます。最大のテーマは、長期にわたるデフレの真の要因であると私が考えている、異常な為替相場のレベル（円高）にあります。

〝はじめに〟で自動車産業の六重苦に触れましたが、これは自動車のみでなく日本のすべての産業にかかわる問題です。中でも明らかに異常な円相場のレベルは日本の基幹産業（輸出産業と農業をはじめとする輸入品競合産業）を破滅の瀬戸際に追い込んでいます。最近の電機・電子産業の状況は、すでに限界を超えて崩落へと突き進んでいる証《あかし》かもしれません。

このまま推移すれば、生命線である技術開発への十分な再投資も行えないままに競争力を失い、我が国の産業構造は壊滅し、二度と立ち上がれなくなるでしょう。その後に、必ず襲うであろう極端な円安は、日本を二流、三流の国へ貶めるであろうとの予想は、杞憂に終わるでしょうか。

私は、日銀に問いたいと思います。日本経済をマネジメントしている一方の雄である日銀は何をしているのかと。本文で、雇用を守るテーマに関連して、法の条文とその背景にある考え方に触れました。今の日銀にとって日銀法は、大きな一歩を踏み出せない壁に、あるいは踏み出さない言い訳になっているだけなのでしょうか。

私は、さまざまな議論があるのは承知のうえで、円相場を適切なレベルに落ち着かせるためには、そしてそれを突破口にしてデフレスパイラルから抜け出すためには、日銀が大幅かつ継続的にマネタリーベースを拡大するべきだと考えています。ここまで追い込まれたら、とにかくやってみなければいけない。マイナスの副作用が出たら、それにすぐ対応すればよい。「やってみなはれ！」です。

議論の拡散を防ぐために、近場の日銀のスタンスをもっとも正確に表しているであろう、『文藝春秋』２０１２年３月号掲載の白川総裁のインタビュー記事をベースに考えてみます。**白川総裁はこう語っています。**

①「よく言われるのは、中央銀行によるお金の大量供給です。しかしFRB（米連邦準備制度理事会）のバーナンキ議長も言うように、お金の量は金融緩和の度合いを測る指標にはなりません。というのも、金融機関はお金を抱えるコストを意識しなくてもすむようになるため、貸出しには廻らず単に中央銀行の預金口座に『溜まる』だけに終わるからです」

まずこの項についてコメントしてみます。一般企業（金融機関以外）がすぐに借り入れを増やすなどということは、このデフレや異常な円高の中で、あり得ません。私でも、自己資金の範囲でなければ、回収が中長期にわたる投資案件の決済はしません。借りる側に借りる気持ちがないのだから、金融機関が貸し出しに回せないのは自明の理です。したがって、まずはそれが本業である民間金融機関が、お金を日銀当座預金口座に超過準備として放置せず、安心して金融市場でリスクをとれる状況を作り出さねばならない。しかもその状況がかなりの期間続くと信じられねばならないと思います。一般企業が借り入れに基づく投資に乗り出すのは、このことによって為替レベルが安定的に正常化され、デフレから抜け出す見通しが立つ、数年後でしょう。

②「ただ、この基準に照らしても日銀はGDPとの対比で主要国では最も多くのお金を供給していることは事実として指摘できます」

次にこの項について。お金の供給量の適否をGDPとの対比でとらえることの意味が、私にはよく分かりません。比較で言うなら日本は歴史的に現金社会です。相対的に日銀券の発行残高が膨らむでしょう。ましてその適否を言うなら、インフレを抑え込もうとするときと、デフレから脱却しようとするときでは、物差しがまったく異なります。私は、供給量が絶対的に不足していると思っています。

③「今もデフレからの脱却のために全力を挙げています。例えば、ゼロ金利政策を物価安定（消費者物価指数の前年比上昇率で2％以下のプラス、中心は1％程度）が展望できるまで続けると約束しています」

実はこの原稿を書いている最中の2月13、14日の日銀金融政策決定会合で、資産買入れ等の基金増額とともに、「中長期的な物価安定の目途」を示すというやや踏み込んだ決定がなされ、これが市場にサプライズを与えました。その結果、ほかの要因にも後押しされて、円高の若干の是正、株式市場の好転等の好影響が出ています。

しかし、この程度でサプライズと言うこと自体どうかと思いますし、私はまだ安心してはいません。目途とする1％も不十分でしょうし、何分にも、あの速水総裁以来の十数年間、「回れ右」を見続けてきた身です。簡単には信じられません。この方向への断固とした継続・強化を祈るばかりです。

④「社債の金利や銀行の貸出態度等からみて、日本の金融環境は先進国で最も緩和的です」

この項についても、何をもって緩和的と言っているのか、目的との関係がよく分かりません。本当に先進国でもっとも緩和的ならば、インフレで青くなっているでしょうし、なんとか行き過ぎた円安を止めようと必死になっているでしょう。銀行の貸出態度と言われるが、日銀と民間銀行との間に、デフレ脱却へ向けて、日本経済をマネジメントするうえでの実質的なコミュニケーションは、果たして成立しているのでしょうか。

⑤「中央銀行による国債の直接引き受けは、……一旦始めると、最初は問題がなくても、やがて財政の膨張と通貨の増発に歯止めがきかなくなるというのが歴史の教訓です。激しいインフレによって経済活動が大きな打撃を受け、結局、国民が苦しむことになります」

この項については、別の視点から見てみます。私は、復興国債に限り日銀が直接引き受けるべきだと、今も考えています。現在はその償還負担を、次世代に先送りしない、世論も復興のためならば受け入れる（本当はこちらが本音でしょうが）ことを理由に、所得税、法人税、個人住民税等の直接税増税でまかなうことになっています。まことに理のない話です。1000年に一度の大災害ならば、復興のために十二分に予算をつけて、その国債の償還は500年かけて行えばよい。続く500年で次への備えをする。これが道理でしょう。また、1000年に一度ですから、歯止めをきかせることもできるはずです。

財政再建が必須であることは当然です。適切な金融政策によって為替相場がしかるべきレベルに落ち着き、財政政策とも相まってデフレ脱却への道筋が見えてくれば、今回の復興分も含めて、足らない分を消費税増税に頼るのはよく理解できます。しかしそれとこれとは別。日銀による国債の直接引き受けまでは踏み込めないとしても、直接税増税はいかにも愚策です。直間比率の是正はどこへ行ったのか。やはり「現政権・財務省は、増税さえできればなんでもありなのかな。きっと消費税増税も同じなんだな」と思ってしまいます。

もうひとつ、触れておきたいことがあります。

私の父もやはりドラッカーを学んでいました。1950～60年代のことですから、『マネジメント』はまだ出版されておらず、『現代の経営』が世界の経営者のバイブルになっていた時代です。

父はトヨタ自動車工業に勤めていましたが、1949年電装部門がトヨタから分離・独立して日本電装（現デンソー）が設立されたとき移籍し、創業の段階から経営陣として組織を率いてきました。会社組織の構築や運営にあたって、ドラッカーを必死に学んだようです。

日本電装で父は、ドラッカーの言う「擬似分権組織」に相当する事業部制を敷きました。本書の中で詳しく述べていますが、この擬似分権組織は本来、個々の部門の自立性・独自性が高い場合に最適な「連邦分権組織」に準ずるもの、もしくは並ぶものとして位置づけられています。

日本電装は自動車部品を製造する会社ですから、商品体系は似通っています。お客様はトヨタに限らず多岐にわたるにせよ、基本的に自動車に組み込まれる部品ですから、大きな違いはない。したがって、連邦分権組織に沿った事業部制を徹底的に適用できるという業態ではありませんでした。

もちろん父は、ややなじみにくい業態であることを承知のうえで、必要があってベストな選択として擬似分権組織である事業部制を敷いたわけです。父はドラッカーの経営論を一生懸命学んで自分なりに考え、咀嚼して、自らが責任を持って運営できるという確信のもとに、トヨタグループの中で最初に事業部制という組織形態をとり、定着させることができました。

大野耐一さんと、その部下だった鈴村喜久男さん、張富士夫さんのお三方が、仕事を通じて、私という人間を形作ってくれたのと同様に、当然のことですが、父親の存在も私にとってたいへん大きなものでした。

父親から受け継いだものを表現しておくことも、人間として大切なことだという思いが、この本につながりました。

2012年5月

岩月伸郎

著者略歴

岩月伸郎《いわつきしんろう》

一九四五年愛知県岡崎市生まれ。

慶應義塾大学経済学部卒。

六九年、トヨタ自動車工業（現・トヨタ自動車）に入社し、元町工場工務部に配属。

七〇年、張富士夫氏らが指導に訪れた際、トヨタ生産方式と出会う。

以降、生産方式の生みの親である大野耐一氏から直接指導を受け、社内やグループ会社への導入に携わる。九九年、同社取締役ヨーロッパ・アフリカ本部長。二〇〇一年にはデンソーの常務取締役に。その後、専務、副社長などの要職を歴任。現・顧問。

一二年岩月事務所（OFFICE IWATSUKI）を設立、代表に就任。

著書に『生きる哲学　トヨタ生産方式』（幻冬舎新書）。

幻冬舎新書 259

トヨタ生産方式で ドラッカーの『マネジメント』を読み解く

二〇一二年五月三十日 第一刷発行

著者 岩月伸郎
発行人 見城徹
編集人 志儀保博

発行所 株式会社 幻冬舎
〒一五一-〇〇五一 東京都渋谷区千駄ヶ谷四-九-七
電話 〇三-五四一一-六二一一（編集）
〇三-五四一一-六二二二（営業）
振替 〇〇一二〇-八-七六七六四三

ブックデザイン 鈴木成一デザイン室
印刷・製本所 株式会社 光邦

Printed in Japan ISBN978-4-344-98260-4 C0295
い-7-2

幻冬舎ホームページアドレス http://www.gentosha.co.jp/
＊この本に関するご意見・ご感想をメールでお寄せいただく場合は、comment@gentosha.co.jpまで。

幻冬舎新書

岩月伸郎
生きる哲学 トヨタ生産方式
大野耐一さんに学んだこと

トヨタ生産方式は「人間尊重」という哲学から生み出された人生論でもある――。生みの親・大野耐一氏に仕えた著者が、好不況に左右されない普遍的経営論、人材育成論を交え、その真髄を語る。

石原慎太郎
真の指導者とは

現代社会の停滞と混迷を打開できる「真の指導者」たる者の思考、行動様式とはいったい何か。先達の叡智、言動、知られざるエピソードをもとに、具体的かつ詳細に説き明かす究極のリーダー論。

小笹芳央
会社の品格

不祥事多発にともない、会社は「品格」を問われているが、会社を一番知っているのは「社員」だ。本書では、組織・上司・仕事・処遇という、社員の4視点から、企業体質を見抜く！

小宮一慶
ぶれない人

「ぶれない」とは、信念を貫くことである。だが、人は目先の利益にとらわれ、簡単に揺らいでしまう。長期的には信念を貫ける人ほど成功できるのだ。人気コンサルタントが本音で語る成功論。